## Über den Autor

Als mich 1967 mit sechs Jahren die Erkenntnis ereilte, daß ich ja über mich selbst nachdachte und man außerdem nie genau sagen könne, ob Wachsein ein Traum oder Träumen die eigentliche Realität sei, stieß ich mit der aufgeregten Erklärung dieses „Sachverhaltes" bei meinen Freunden auf Unverständnis. Ich hatte mit fünf, gefördert von meinen Eltern, zu lesen begonnen und las, was ich in die Finger bekam.

Es dauerte fast zwei Jahrzehnte, die ich mit dem Traum, erfolgreicher Musiker - und diverses anderes - zu werden verbrachte, bis ich endgültig einsah, daß ich besser schreiben und kommunizieren als trommeln konnte. So verdiene ich damit bis heute meinen Lebensunterhalt. Rhythmus und Harmonie blieben mir Metapher für alles.

Vor etwa 15 Jahren wurde es für mein Überleben notwendig, regelmäßig mein Blut zu säubern. Die darin erfahrene Beziehung zum Tode ist mir persönlich sehr wertvoll.

Ich habe mehrere Schulen besucht, nichts studiert, aber immer leidenschaftlich gelernt.

*„Was soll das?"*, *wöhnte der Arg: „Ist nicht alles schon gesagt, gedacht und niedergeschrieben worden? Welches Wissen meinst Du der Welt hinzufügen zu können?"*

*Der Träumer antwortete: „Nicht das Geringste, doch bitte laßt mich versuchen auszusprechen, was alle wissen, damit alle verstehen, daß alle wissen ..."*

Robert Stein-Holzheim

# 95 Thesen
# für das dritte Jahrtausend

Für uns

Erste Auflage 2000

Copyright Dezember 1999 by Robert Stein-Holzheim

ISBN 3-8311-0569-3

Artwork by Klaus Holitzka, Doris Regina
und Robert Stein-Holzheim

Autorenkontakt:         email@innernet.de

95 Thesen Online:       www.innernet.de

**Complexity remains**

# Inhalt

# Danke

Wenn ich darin eintauche, wieviele Menschen auf die eine oder andere Weise Anteil am Entstehen dieses Buches hatten, ziehen Hunderte von Gesichtern, Sätzen, Klängen und Geschichten in mir herauf. Viele kenne ich nur aus ihren Werken, unter Ihnen ist es Jon Anderson, in dessen „Tales" ich meine Heimat spüre. Und ich danke den guten Gefährt(inn)en - mit denen Tage, Nächte, ... Jahre in der Reflektion unseres Seins Erkenntnisse zum Blühen brachten.

Ihnen allen fühle ich mich zu Dank verpflichtet, allein sie alle zu nennen ist eine Unsache. Ich möchte mich daher im weiteren hier auf Jene beschränken, die direkt in die Produktion des Vorliegenden involviert waren.

Wie Wasser still und unermüdlich an meiner Seite im ersten Thesen und Verdichten: Sonja, meine Waldschwester.

Thomas Busch, der sich erst nicht traute und mich dann feinsinnig zum kompletten Überarbeiten aller Texte brachte.

Meinen Freunden Kornelia Kuri und Dr. Frank Kuhnecke, die von meinen Ergüssen beim Frühstück, zum Abendessen oder spät nachts heimgesucht wurden und mir immer ehrliches Feedback schenkten.

Klaus Holitzka für das Licht, das er mir schenkte und welches nun das Cover dieses Buches ziert.

Meiner geliebten Frau Catrin für die letzte - oftmals kontroverse - Lesung und das Finden des ersehnten Haltes in der Unendlichkeit.

Und dann ist da noch der Zustand, den ich „Dankbarkeit ohne Adressaten" nenne ...

# Anybody out there ?! / 2000 !

Thesen sind Gedanken, die - zur Diskussion gestellt - zu leben beginnen. Ich freue mich, wenn
dies geschieht. In Briefen oder im Netz, das die
Welt bedeutet. Dort unter www.innernet.de.
Das ist das Eine. Was könnte das Andere sein?
Eben dieses:
Ich kenne niemanden, der nicht schon als Kind sich
errechnete, wie alt er wohl im Jahr 2000 sein werde. Irgendwas werde anders sein dann, grundlegend anders, so fühlten Viele.
Das Jahr kam und natürlich ging es einfach immer
so weiter. Nur: Tief unter der Oberfläche der Kulturen dieser Zeitrechnung, verborgen in den Seelen und Psychen der Menschen, wirkt die alte Frage, was denn nun anders sei und so tun viele Anderes anders als sie es ehedem taten; schauen,
Anderes suchend, anders, als sie ehedem schauten
und siehe da, etwas beginnt sich zu verändern.

Im Jahr 2000 erfüllen sich nicht alle unsere Kinder-
hoffnungen, aber das Jahr 2000 ist das Jahr, in
dem viele Menschen - von den Utopien ihrer Kin-
dertage getragen - gleichzeitig beginnen, ihre
Sehnsüchte in verwirklichbare Wünsche und Taten
zu wandeln.

So auch ich. Möge sich unser bestes Anderes dem
erwachenden Ganzen förderlich erwirken.

# Vorwort

Es geht voll ab. Anders kann man den Wahnsinn, die Zerstörung, und die gleichzeitige (wieder-) Bewußtwerdung unserer Globalen Natur durch - oh Wunder - die Technologie wohl kaum nennen.

Nun, wie wir uns auch anstrengen, die Welt als Planet können wir wohl nicht untergehen lassen, aber wir stehen am Beginn einer Phase, die unser dunkelstes Zeitalter werden könnte. Im angebrochenen Jahrtausend wird uns interdimensionale Technologie Dinge tun lassen, die über die gewagtesten Vermutungen der fantasievollsten Physiker hinausgehen; PSI, Träume etc. werden technologisch handhabbar, sogar körperliche „Unsterblichkeit" wird greifbar. Und - wenn wir Glück haben - schaffen wir es und beginnen uns als das vieltausendäugige Wesen zu erkennen, zu dem wir immer schon werden.

Ich bin dafür. Die Wippe zittert. Was tun? Laßt uns mit unserem ganzen persönlichen Gewicht auf die Seite der Kraft und Zuversicht springen. Dort laßt uns aufs Schönste gestalten, schreiben, singen, spielen, lieben und ein Beispiel leben, auf daß noch mehr herüberkommen. Dann - vielleicht - bewegen wir genug, um dieser blauen Wunderkugel würdige Bewohner zu werden und unserer jungen Rasse die Chance auf ein Überleben ihrer Kinderstube zu geben.

Doch wie können wir einverstanden in der Welt sein, ohne vorher irgendeine Weltanschauung zu kaufen, die wir mit unserer Seele bezahlen? Dies verlangt ein gewandeltes Selbstverständnis als Mensch in der Welt. Weder das Ziel der Vergrößerung des Besitzes noch die Vorstellung eines angeblich außerhalb von uns existierenden Wesens, dem wir zu gefallen hätten, ist haltbar. Wie also gelangen wir in die Lage, selbst als

Mensch in der Welt zu stehen? Darüber sind sicher noch viele Bücher zu schreiben. Mit 95 Thesen für das dritte Jahrtausend möchte ich anregen zu Erkenntnissen, Haltungen und Denkmitteln, die die Findung eines Platzes in der Welt für jeden von uns ermöglichen. Dabei sind viele Positionen meiner Thesen weder neu noch sensationell, wurden schon oft gehört und noch öfter überhört ... aber eben darum geht es: Um das immer wieder Neuschauen auf bekannt Geglaubtes; nicht etwa um einen Paradigmenwechsel, sondern um das Verlassen des Paradigmatischen.

Ein halbes Jahrtausend nach Martin Luther beantwortet sich die kirchenspaltende Rechtfertigungsfrage - nämlich wer vergäbe den Wert des Menschen und bestimme damit sein Eingehen in das Paradies - in der Verwerfung derselben:

Wir sind ja schon da. Nehmen wir es an, mit Liebe, Humor und Zuversicht, denn das Leben ist es immer wert.

*Den Wert unseres Tuns aber beurteilen nicht die Götter, sondern wir als unsere Zukünftigen.*

# Zum Lesen

Wenn ich meine Texte versuche schnell zu lesen,
verstehe ich mich selber nicht. Die Entdeckung der
Langsamkeit eröffnet die Tiefe.

Man mag mir vorwerfen, ich ignoriere die Recht-
schreibreform - ehrlich, ich weiß es nicht ...

Fehlende Kommata sind als Anreiz die sich daraus
zusätzlich eröffnenden Bedeutungsmöglichkeiten
mitzufühlen gedacht.

Viele meiner Formulierungen enthalten Bezüge,
die, erst nach einem - oder gar mehreren - einge-
schobenen Nebensätzen, ihr Ziel finden; so ist
beim Lesen oft der Bezug erst unklar, so daß man
den Satz zweimal lesen muß, um derart aus dem
Gelesenen im zweiten Durchgang den Bezug zu
Beginn des Satzes diesmal gleich zuordnen zu
können ... ;-)

Diese Art der Rezeption gleicht der Art, wie ich mir
wünsche, daß Welt wahrgenommen wird. Mehr
Deutigkeit, ein Minimum von zweimaligem Stand-
punktwechsel im Betrachten von Bekanntgeglaub-
tem, um jenseits des Wechsels zwischen diesem
und jenem die Dualität hinter sich, und Komplexität als gefühlte Realität sich verwirklichen zu
lassen.

Genußvolles, gelassenes Lesen wünscht

Robert Stein-Holzheim
Schöneck-Kilianstädten, Juli 2000

# 1. Die Zeit der Kirchen ist vorbei.

Bislang war es so, das, was zu glauben wäre, von großen hierarchisch organisierten Systemen verkündet wurde. Die jeweilige Gemeinschaft war über eine zentrale Stelle vermittelt. Quell der ganzen Weisheit war eine mythische Figur, der „Die Wahrheit" in der Regel durch einen Gott offenbart ward - und die, wüßte sie um die auf Ihrem Wirken fußenden Institutionen, sich im Grabe drehen würde.

Das war die Zeit der Kirchen.

Die Kirchen gaben Beschreibungen davon ab, wie der innere Raum zu organisieren sei, was welchen Wert und welche Bedeutung hätte. Verstöße gegen die so hergestellte allgemeinverbindliche Moral brachten umgehend Schwierigkeiten mit der Zugehörigkeit zur Gesellschaft, sprich: Schuld; oder schlimmer noch: Ausschluß aus den paradiesischen Belohnungen nach überstandenem irdischen Jammertale.

So ist die individuelle Suche nach einem „besseren" Glauben angebrochen, nach Anderen, die einem die Wahrheit künden mögen. Doch immer mehr Menschen fühlen, das es keine verbindlichen Direktiven, kein von allen akzeptiertes Werte- und Umgangssystem miteinander mehr geben wird.

*Kein Gott, kein Gotteswort, das alle hören.*

*Hören wir jedoch etwas genauer hin,*

*vernehmen wir uns selbst immer besser,*

*das innere Netz,*

*in dem auch alle anderen schwingen ...*

*niemand sonst ist Gott.*

## 2. Wenn es heißt: „Glaube an Gott", meint dies: „Gebe die Verantwortung ab für dein eigenes Leben."

Es wäre doch wirklich sooo beruhigend, wenn wenigstens *Einer* im Universum „wirklich" Bescheid wüßte und „Die Wahrheit" kennen würde! Wenn Allmacht nicht nur der Gegenpol menschlicher Ohnmacht, sondern doch tatsächlich ausgeformt existieren würde und wir so - zumindest aus der Ferne - daran teilhaben könnten ...

Jener Letztwissende hätte uns aus unendlicher, uneigennütziger Gnade erschaffen und natürlich auch den schwarzen Peter. Das Transzendentale Subjekt[1] hat´s gegeben, das Transzendentale Subjekt hat´s genommen ...

Die Gründe für unser Hiersein scheinen mir aber, nach allem, was man so hört, wesentlich komplexer ...

Die Behauptung, von Gott erschaffen worden zu sein, ist kaum mehr denn der Versuch, einer Halluzination die Verantwortung für das eigene Leben in die Schuhe zu schieben.

Wenn wir denn Verantwortung abgeben, sollten wir darauf achten, wen wir mit diesem Vertrauen betrauen. Ist Jener eine innerweltliche Kreation, und sei es das größte und mächtigste Wesen, das wir uns vorstellen können, übergeben wir unsere Verantwortung in einen Bereich unseres Selbstes, in dem wir nicht wirken können.

*Die Ver-Antwortung der zentralen Fragen kann nicht delegiert werden.*

---

[1] So nennen Philosophen Gott, wenn sie logisch klingen wollen.

## 3. Wenn es heißt: „Trost liege im Glauben", so meint dies: „Höre auf, es selbst zu suchen."

Nicht, das kein Trost läge in den Religionen, im religiösen Tun. Und Trost meint man brauchen zu dürfen, erschließt sich doch „Es", jener tiefere „Sinn" des Ganzen, dem Suchenden nicht ohne weiteres. Na wie praktisch, daß es bereits fertig abgepackten Sinn in der Abteilung „Glaubenssysteme" gibt! Doch der Preis ist hoch: Was muß man nicht alles ausblenden, zur Unwahrnehmung erklären, um den Inhalt der Packung für „Alles" zu halten! Schauen wir jedoch auf das Ganze, überwältigen uns wieder all die ungelösten Fragen. So stehen wir dem ehrfurchteinflößenden Unbeantwortbaren gegenüber und rufen „Oh Gott!", wo stille Demut weit uns tragen könnte ...

Bedeutet nun, keinen letzten Sinn zu finden, keinen Sinn geben zu können? Ist es nicht die Vielfalt des täglich je anderen Tuns, das Mitfühlen, Handeln und Sein, das uns Sinn vermittelt, in jedem Atemzug, ohne daß das Ganze sich in einem Satze fassen ließe?

Wer sagt denn, daß da ein letzter Grund zu finden wäre, wer sagt denn, daß da eine letzte Antwort uns erwarte, wir uns für jene verbrennen sollten?[2]

*Kein Trost muß sein,*
*wo gewandelt Sein uns hält,*
*jenseits der Trennung*
*von Frage und Antwort ...*

---

[2] Jon Anderson in „Shoot high, aim low"

## 4. Wenn es heißt: „Bekämpfe Dich in deinem Fehl", so ist dies eine Anweisung, sich selbst zu schwächen.

Wie man selbst sein soll, will, darf - ist Quell all der Kämpfe mit uns selbst. Mit einem Gegner, den wir schon durch die Aufnahme dieses Kampfes unterschätzen. Den zu besiegen wir nicht fähig sind, hat er doch alle unsere eigenen Fähigkeiten und - da er sich direkt aus unserem Unterbewußtsein speist - Strategien, die wir nicht durchblicken. Nicht mit dem bißchen Verstand, den wir ihm entgegenzusetzen haben. Und selbst wenn: hier zu siegen würde einer Amputation gleichkommen: Wandel und Integration statt nieendenwollenden Kampfes bringt Lösung, wo Zerknirschung sonst die Seele quält. So scheint es angebrachter, jenen Teilen von uns, die wir zu bekämpfen gewohnt sind, Frieden anzubieten, ihnen ruhig ins Antlitz zu schauen, wo wir uns sonst abwenden und dadurch nichtverstehen.

Wer immer uns empfiehlt, den Kampf gegen uns selbst aufzunehmen, weiß nicht, welcher Weg zur Liebe führt. Das Akzeptieren aller Facetten unserer Selbst ist die Vorbedingung, überhaupt mit ihnen arbeiten, sie wandeln zu können.

Das Geheimnis ist, unser Sein und Handeln nicht in Eins zu setzen. „Ich *tue* x" heißt nicht „Ich *bin* ein X-er"! Stelle eine andere Frage: „Was erreiche ich, indem ich x´e?" und: „Was könnte ich stattdessen tun, um X zu erreichen?"

*Spreche freundlich mit Dir und mache Dir Deine vormals ungeliebten Teile zu Verbündeten.*

## 5. Einem Führer zu folgen, ist eine Kunst.

Es ist eine der Schlüsselszenen in Monty Python's „Leben des Brian": Sie, Ihn sowieso schon liebend, allein mit ihm im Hof, in den er sich vor seinen plötzlich in Scharen auftauchenden Anhängern flüchtete. „Sie sollen mich in Ruhe lassen, ich bin nicht der Messias, jeder muß es für sich selbst herausfinden! Das verstehst Du doch, Maria?" „Ja, oh ja, Du hast ja so recht, du bist es, du bist es!" und andächtig himmelt sie ihn an ...

Da hat wer was nicht verstanden, oder? Oder gerade richtig verstanden? Wär' es denn ihr Weg, dem seinen zu folgen? Geht das überhaupt? Folgt man seinem Führer, indem man seine Worte trinkt oder ist man dann der, der die Worte wohl nimmt, aber dabei weiter auf seinem eigenen Wege voranstrauchelt, während der Führer, Lehrer, Meister, Brian ... ganz woanders seine Schritte setzt?

Wer etwas lernen will, bedarf der Lehrer. Und seine Lehrer als Lehrer zu nehmen, ist Bedingung. So kann der Lehrer das Lernen führen. Und der Schüler das Gelernte ganz annehmen. Das ist die Verantwortung des Schülers.

Jeder Lehrer ist Mensch - und obschon mancher Schüler dies gerne vergißt, hat auch dieser Mensch nur seine Wahrheit zu verkünden. Darum ist das Überprüfen des Gelernten am eigenen Erfahren Pflicht des Schülers.

Sich selbst zu führen, im sich führen lassen durch den Lehrer, bleibt der eigene Weg zur Freude beider.

*Meide Lehrer, die anderes fordern.*

# 6. Irren und Glauben ist in der Regel dasselbe.

Darum irre ich mich lieber. Das erscheint weniger ernst - und einen Irrtum zu gestehen fällt in der Regel leichter, denn den Glauben zu wechseln.

Mancher meint, wer seinen Glauben nicht wie eine Rüstung trägt, den kann es leicht aus der Bahn seines Lebens werfen, schlimmer noch, wahrscheinlich ist er überhaupt ein Luftikus!

Naja, anstatt im Glauben - und damit in der Illusion eines Grundes - zu gründen, mit Sicherheit sagen zu können, daß nie ein komplettes System dessen, was zu glauben richtig wäre, je erdacht werden könne, scheint mir doch die aufrechtere Art.

Zugegeben, ein langer Satz dies, aber mal ehrlich: Wie können wir allen Ernstes annehmen, daß wir auf Basis unseres immer unvollständigen Wissens einem Glauben unser Sein in der Welt überlassen könnten?

So wäre aller Glaube vorläufig, und zwar dem Wissen, welches von innen kommt.

Dazwischen ist´s, wo wir unseren Platz in der Welt suchen. Gezwungen zu glauben, was uns stützt, gewiß jedoch nicht, daß Glauben Wissen sei.

Das Tragikomische daran ist, daß keine Wahlmöglichkeit besteht: Wir müssen glauben, ohne zu glauben ... das Vorläufige als Basis anerkennen, das Wissen erfahren aus immer anderen Haltungen, wissend, daß keine Wahrheit je die Letzte ist ...

# 7. Eskapistische[3] Spiritualität schwächt.

Dem Finden einer dahinterliegenden Wahrheit, in die man am liebsten dann auch gleich verschwinden könnte, zu entkommen, erfordert den Mut, sich hier zu stellen.

Ich sage: Der Gral ist hier, also überall. Parzival hätte sein Pferd ruhig im Stall lassen können, wir müssen nicht in der Weite suchen, was wir in uns vermissen.

Und selbst wenn wir uns in Sphären nicht näher zu bezeichnender himmlischer Energien aufzulösen vermöchten - Ja wo soll´s denn hingehen? Den Körper können wir da wohl nicht mitnehmen. Ja wären wir´s dann noch? Also scheint es dann darum zu gehen, nicht mehr „wir" zu sein ... und ipso glücklicher?

Vom Wunderland fantasierend, dort jedoch noch nicht angekommen, rennen wir dann allezeit mit dieser Pseudo-Röntgenbrille durch die Welt, um Anderes zu sehen und zu erhoffen, denn was ist ?

Jenen, die im Erwunschenen eine schwankend Heimat sich erträumen, rufe ich zu:

*Unsterblich, ewig, himmlisch ... ?*
*Wer kann das wissen ?*
*Selbst wenn ein solches Geschenk auf uns wartete,*
*es jetzt zu wollen,*
*macht uns schwach,*
*ganz, als wäre es wirklich nicht vorhanden.*

---

[3] Escape = Entkommen => „entkommenwollende"

## 8. An das Größere zu glauben ist das Kleinere.

Jenen, die gerne glauben, verstellt sich der Blick auf das, was noch viel größer und phantastischer ist, als alles was sie erhalten, indem sie sich ins Glauben gehenlassen. Dieses „Gerne etwas glauben, das über alles hinausgeht", ist ein Bescheiden auf das Kleinere, um das Größere, an das man gar nicht glauben muß, nicht wahr zu nehmen.

Denn zu erkennen, daß, was uns umgibt, größer ist, als alles Glauben, erfordert nur das Öffnen der Augen ...

So können wir beispielsweise glauben „wir kommen von irgendwo her" oder wir können glauben, „daß da überhaupt nichts war, vorher". Keines von beidem scheint mir notwendig.

Ich sage: „Dazu sag´ ich nichts", und lasse das Wunder völlig offen.

Denn ein Kontext, der uns nicht zugänglich ist - wie ein „Davor" - ist eben ein Kontext, der uns nicht zugänglich ist. Wir können nur halluzinieren, welche Qualitäten darin wohl wirkten.

Doch in dem Moment, wo wir uns darauf festlegen, nehmen wir ihm und uns die Unendlichkeit all dessen, was sein könnte.

Das Schweigen vor dem „Einen Glauben dorthin setzen, wo man nichts erkennen kann", ist größer, als das Erleben des Setzens eines Glaubens.

27

# 9. Spiritualität ist kein Therapieersatz.

Traumatisiert, wie wir in die Welt gebogen werden, wünschen wir uns Erlösung. Und wo sonst sollte man diese finden, denn im spirituellen Streben, in der Entfaltung unseres menschlichen Potentials oder wie auch immer die je persönliche Definition laute.

Doch haben jene, die dort lehren, die geeigneten Mittel, um unsere zerbeulten Seelengefährte in eine Form zu bringen, auf das wir die große Fahrt wagen können?

Alle spirituellen Techniken sind langwierig und einzig auf das Erkennen und Einnehmen von Zuständen jenseits von Geschichtlichkeit gerichtet.

Die meisten menschliche Probleme und Traumata sind hingegen im wesentlichen erwachsen aus der jeweiligen menschlichen Geschichte, sehr diesseitig und - mit in den letzten Jahren entwickelten Bewußtseinstechnologien - zügig angehbar.

Weder Spiritualität noch Therapie ist Ersatz für das je andere, aber jetzt, zur zweiten Jahrtausendwende sind wir erstmals in der Lage, uns gezielt in einem Maße verändern zu können, wie es vor 20 Jahren noch unmöglich schien.

Systemische, Individual- und Körpertherapien sowie die enormen Fortschritte bezüglich der Wirkung von Sprache und Erleben auf die Gehirnstruktur eröffnen Möglichkeiten nie geschaut.

In der Anwendung gilt: So verantwortungsvoll und liebend wie möglich. Drum traue nicht dem System allein, finde den Menschen, von dem Du fühlst, Hilfe annehmen zu können.

# 10. Nur die eigene Erkenntnis heilt.

Erkenntnis ist nicht Denken. Erkenntnis ist ein Gefühl. Das Gefühl, welches sich in unseren Körpern ausbreitet, wenn wir innerlich eins mit dem Geschauten werden. Wenn wir die Bezüge, die wir erkennen, in unseren Körpern abbilden, wir zu der geschauten Wahrheit werden.

Das überwältigende Gefühl der Erkenntnis läßt uns etwas empfinden, das größer ist als wir selbst, an dem wir im Erkennen Anteil haben, da wir es für den Moment der Erkenntnis selbst sind.

Darum erweitert jede echte Erkenntnis unser Sein, wandelt uns in vorher nicht Gewesenes. Und darum sind die Erkenntnisse Anderer wenig mehr denn Fingerzeige und bergen wenig Kraft für uns, verwirren gar, weil das Denken ihnen womöglich zustimmt, der Körper aber schweigt.

# 11. Hoffnung ist nicht begründbar.

*... und eine Träne für jene,*

*die sich darin gefallen,*

*edel zugrunde zu gehen.*

Manche, die es schwer haben, verehren jene Künstler, die den Untergang so unentrinnbar schön hochstilisieren, bis man meint, sich in diesem Selbstbetrug genüsslich gehen lassen zu dürfen; vergessend, daß man - jeder für sich - zu eben diesem Leide sich entschieden hat.

So vergessen Viele diese Entscheidung und fühlen sich daher frei, Opfer zu sein.

„Die Welt ist schlecht und sinnlos"; „Nein, die Welt sei ein Ort voller Wunder" ... So läuft schon ewig der Disput der Optimisten und Zyniker dieser Welt, ohne das eine Seite die andere im Wort zu überzeugen wüßte.

Wer auch könnte Schwarz oder Weiß begründen?

Manchmal rührt wahre Schönheit, still vielleicht erst, an des Zynikers bitterschwarzgesüßte Hoffnungslosigkeit ... Den Optimisten erhascht eine unerwartete Melancholie ...

Wir mögen ahnen, fühlen, daß da etwas ist, jenseits aller Argumente, jenseits von Hoffnung und Hoffnungslosigkeit ...

## 12. Es besteht kein Grund zur Beunruhigung.

Die meisten Menschen hegen tief innen, an einem unsagbaren Ort, einen unbeschreiblichen Zweifel - ... den Zweifel an der Berechtigung ihrer puren Existenz. Den Zweifel, ob es in Ordnung ist, daß sie hier sind, daß es sie gibt.

Wir alle gehen durch eine Menge Erfahrungen, bevor sich ein sprachlich abbildbares Verständnis unseres Seins zu entwickeln beginnt. In dieser Zeit, da wir fühlend so rein wie hernach nie wieder vorhanden sind, geschehen uns die tiefsten Einprägungen. Wir erleiden das erste große Trauma, eine Erfahrung, die so einschneidend ist, daß sie einen ersten Teil unseres keimenden Wesens abspaltet, da wir uns selbst die Schuld daran geben. Die meisten von uns haben solche Verlassens- oder Ungeliebtheitsprägungen. Obwohl wir das nicht benennen können, spüren wir doch, daß „mit uns etwas nicht stimmt", daß „wir ganz falsch sind" oder Ähnliches.

Unbewortet sinkt das Gefühl des Grundübels und der Schuld tief in unser vorsprachliches Unbewußtes. Dort bildet sich der „Dämon", der dieses Wissen vor uns und dem Rest der Welt nach Kräften geheimzuhalten sucht. In späteren Jahren, freundlich befragt, kann uns der Dämon offenbaren, was er immer zu verstecken trachtete. Etwa: „Ich habe keine Berechtigung hier zu sein" oder „Ich gehöre nicht dazu".

Doch Kleinkinder sind ohne Fehl. Die Wahrheit hinter dem dramatischen Erleben ist das Mißverständnis eines Babys, kein Göttergrollen.

*Wir sind ok, denn wir sind hier.*

# 13. Glauben ist durch Wahrnehmung zu ersetzen.

Haben wir alle - oder nur Wenige von uns - den direkten Zugang zur Welt wie sie ist, zu höherer Erkenntnis, zum Schauen des Göttlichen? Wer wäre uns, uns allen, jedem Einzelnen von uns gegenüber fähig, unsere Welten zu erklären? Wen können wir fragen, in jedem Falle, was die Bedeutung dessen ist, was wir erleben? Wer gibt die Antworten auf alles, allezeit? Wer ist immer dabei, wenn uns etwas geschieht? Wer kennt unsere geheimsten Gedanken und drängendsten Fragen?

In der Regel der Teil von uns, auf den wir gerade keinen Zugriff haben oder den wir - schlimmer noch - gar nicht erst versuchen zu befragen. Weil wir uns die Selbst-ver-antwortung nicht zutrauen, oder weil es ja ach so viel leichter ist, die Frage hinauszusenden - in der Hoffnung, jemand würde einem schon sagen, was man über dieses und jenes zu glauben hätte.

Doch erfordert es meist nicht einmal die Mühe des Nachdenkens, die eigene Wahrheit zu finden. Das ruhige Senden unserer Frage nach innen läßt die Antwort meist auf wunderbare Weise in uns emporsteigen.

Nun braucht es nur noch den Mut, das längst Gewußte auch anzunehmen. Oder doch lieber etwas anderes - von Anderen wohlfeil Formuliertes - glauben?

*Obacht: Knapp daneben ist am weitesten vorbei!*

## 14. Wahrnehmung ist die Metaphierung des Äußeren im Inneren.

Das, was wir von der Welt da draußen wahrnehmen, nehmen wir auf durch Augen, Ohren und so weiter, machen es aber erst in uns wahr. Die Welt spiegelt sich in unseren Schädel, wie die ersten Bilder durch das Loch in die Kamera Obscura. Dabei entstehen in unseren Köpfen raumzeitliche Strukturen, die in der Anordnung ihrer Elemente der Anordnung der Elemente des Wahrgenommenen entsprechen.

Diese - in diesem Falle vierdimensionale - Abbildung von Strukturen durch einen Fokus in ein anderes Medium, nenne ich „Metaphierung".

Heute gewinnt das alte weise Wort „Wie Innen, so Außen" eine Aktualität und Bedeutung, die nie zuvor so denkbar war. Sehen wir uns doch heute erstmals im Stande, Antworten darauf zu finden wie „Innen so Außen" tatsächlich funktioniert. Damit wird die Tatsache in eine handhabbare Prozessualität überführt und das große Geheimnis zur Technologie entkleidet.

Eingedenk des Wissens, Welt wahrnehmend tatsächlich strukturell in uns aufzunehmen, wird mir das Wunder noch näher.

So fühlen wir nicht einfach die Schönheit einer Skulptur, sondern ebenso die Schönheit der ihr entsprechenden Struktur in unserem Inneren.

*Der Ort an dem wir uns befinden, ist in uns.*

## 15. Jeder glaubt etwas anderes.

Zum Beispiel Buddha, Jesus, Mohammed, Laotse und all ihre mehr oder minder „erleuchteten" Kollegen. Und - wer von ihnen hatte „recht"? Was soll das denn für eine Frage sein?

Sie alle verwirklichten einen Zustand des Seins, der jenseits von richtig oder falsch eine Ausformung höchsten menschlichen Potentials darstellte.

Was sie darüber glaubten, warum und weshalb ihnen das möglich war und was Andere tun könnten, um dieses Zustandes selbst anteilig zu werden, waren im wesentlichen jeweils kulturell passende Metaphern auf das, was man sowieso nicht sagen, sondern nur sein kann.

Wie entscheidend war es also nun, was diese Menschen glaubten? Wie entscheidend, was sie empfanden?

Gerne stelle ich mir eine Podiumsdiskussion der Erleuchteten vor einem Publikum ihrer bekennenden und zumeist zerstrittenen Anhänger vor. Ein Witz, meine Freunde! Möge doch ein Jeder sich sein Sein in welchen Zungen, Geschichten und Rationalisierungen auch immer erklären! Und möge ein Jeder die eigene Erklärung im Wissen um ihre Begrenztheit nicht zu ernst nehmen, denn sie kann nur demütig weichen vor dem, um was es geht.

Wer auch für nur einen Moment glaubt, seine persönliche Erfahrung des „Einssein im Ganzen" wirklich verworten zu können und nicht sofort in Lachen über sich selbst ausbricht, war nicht dort.

# 16. Das Offensichtliche ist das Phantastische.

Wir müssen lernen, das Offensichtliche des Phantastischen wieder schauen zu lernen. Denn was wir wahrnehmen, nehmen wir wahr vor dem Hintergrund dessen, was wir nicht wahrnehmen. Und dieser Hintergrund hat „es" in sich!

Mittels biologischer und kognitiver Filter blenden wir über 99 Prozent dessen aus, was uns unsere ohnehin beschränkten Wahrnehmungsorgane aufnehmen lassen. Und das halten wir dann für die Welt!

Um des Wunders, das uns allenthalben ungesehen umgibt, anteilig zu werden, empfiehlt sich daher das Nicht-tun der Wahrnehmung. Zum Beispiel anstelle der Dinge, den Raum zwischen den Dingen bewußt wahrzunehmen, sozusagen den Negativabdruck, den die Dinge in die Welt prägen.

Die Fokussierung der Aufmerksamkeit auf das Dazwischen öffnet uns die Augen für das Phantastische, das uns immer schon umgibt. Die Wahrnehmung des Hintergrundes bringt so das Phantastische des Offensichtlichen ans Licht.

Dabei geht es um keine neuen Einsichten oder nie gehörte Wahrheiten; es geht um die frische Sicht auf das, was immer schon war, um das Erlebnis der Faszination, darum, daß es nichts Besonderes braucht, um in Wunder zu erschauern, daß es das Immergeschaute ist, das es neu zu ersehen gilt, das Glitzern, das Funkeln des Offensichtlichen, die Präsenz des Vorhandenen.

## 17. Es erfordert mehr Mut, das Offensichtliche wahrzunehmen, denn in Erklärungen zu erblinden.

Wir fühlen uns einfach sicherer, wenn unsere Realität keine namenlosen Untiefen, keine unerklärlichen Brüche und Risse aufweist, durch die Fremdes dringt und das filigrane Gespinnst unseres Verstandes zu zersetzen droht.

„Das ist ja nur so, weil ...", ist mir jedoch nur ein schwacher Trost angesichts offensichtlicher „Wunder". Déjà-vu-Erlebnisse beispielsweise beruhen angeblich auf Verwechslung mit anderen, ähnlichen Erinnerungen - das mag es ja auch geben - aber mal ehrlich: glaubt ihr das?

Schon in ganz „einfachen" Zusammenhängen wie menschlichen Beziehungen erklären wir gerne Wahres „weg", anstatt wahrzunehmen, was wirklich ist. Ganz abgesehen von der Leugnung aller unserem wissenschaftlichen Paradigma widersprechenden Phänomene wie Synchronizitäten und sonstiger sinnhafter Mitteilungen des Weltkanals.

Klar - was nicht sein darf, kann auch nicht sein! Hat man dazu noch eine befriedigende Erklärung parat, wie es denn auf Basis des erlaubten Weltbildes sein darf, kann getrost auf die weitere Wahrnehmung des Phänomens verzichtet werden.

Auf diese Weise erklärt man eine Augenbinde zur geeigneten Brille und die ohne Augenbinde für blind.

*Der Staunende sprach: „Ich weiß es nicht!" Bald darauf ereilte ihn die Erkenntnis.*

## 18. Niemand wird sich je selbst vollständig erkennen.

Was? Keine Aussicht auf ein Happy-End für uns Suchende, denen Sokrates´ "Erkenne Dich selbst" immer oberste Maxime war und Erleuchtung fern erhofftes Ziel? Erhofft Euch nicht zuviel, es ist viel mehr geboten!

Wenn denn unsere innere Welt, unser Selbst entsteht, indem sich die Welt in uns hineinspiegelt, um sodann tausendfachgebrochen in uns ihre je subjektive Form anzunehmen, wie könnte man dann alles vollständig erkennen, da doch das Sein in seiner Unendlichkeit erst vollständig west?

Und hätten wir es losgelassen, jenes Innen und Außen - den Spiegel plan - wären nicht mehr wer wir sind, unsagbares Sein jenseits der Reflektion, was gäbe es noch zu erkennen? Und kaum, daß wir zurückkehrten, wo Fragen möglich ist, stände uns die ganze unendlichlebendige Vielfalt wieder zur Ver-Antwortung.

Mir ist kein Ende des Abenteuers in Sicht, kein siddhartisches Starren in den Fluß, weil man es „geschafft" hätte. Wie langweilig auch! Und - mit Verlaub - wenig mitfühlend, könnte man doch nun endlich aus der Fülle des Seins für die Welt schöpfen.

Auf daß das Erkennen, Entdecken und Gestalten unseres Selbstes und darin der Welt nie enden möge!

*„My sensores show no limits anywhere, Captain!"*[4]

---

[4] Spock, Stardate 23918.1 in „As it is" S. 498 ff.

## 19. Es gibt keinen Weg.

„Was sei der rechte Weg?", „Welchen Weg soll ich wählen?" und ähnliche Überlegungen oder Betrachtungen von Wegen, die Andere in der Vergangenheit gingen, legen nahe, daß so etwas wie „Wege in die Zukunft" existierten.

Das heißt, die Vorstellung, es gäbe Wege aus der Vergangenheit zum Jetzt wird - klabauter, klabauter - frech auch für noch nicht Geschehenes behauptet. Dabei handelt es sich hier nur um die Projektion des Gekannten in das Unbekannte, unsere möglichen Zukünfte. Ein Witz! Da ist kein "Weg".

Es ist leicht, so zu tun, als vollzöge man das Tun und damit den Weg Anderer nach, doch berauben wir uns dabei nicht der Unendlichkeit des vollständig neu- und einzigartigen des je frisch gelebten Momentes?

Erst im Setzen unserer Schritte, mit jeder Entscheidung dieses oder jenes zu tun, erschaffen wir das, was wir rückblickend „den Weg, den wir gingen" nennen können.

Nichts gegen das Lesen von Reisebeschreibungen - aber dort, wo wir hingehen, war vor uns noch keiner; niemand, der von dort berichten könnte, niemand, dessen Spuren wir folgen können.

Wie schreitet nun der aus, der einen Weg vor sich zu sehen wähnt? Wie jener, der staunend seine Schritte lenkt ins unbekannte Land, den Blick gerichtet auf das gute Gelingen ?

Hoffen wir, daß der Erste dem Zweiten folgt.

## 20. Wir sind die Absicht hinter all unseren Wahrnehmungen.

„Was also beabsichtige ich, indem ich die Welt so wahrnehme, wie ich es tue?", wird so zu einer überaus interessanten Frage. Weitaus interessanter als das übliche „Warum ist das so?", „Womit habe ich das verdient?" oder ähnlich Unbeantwortbares ...

Nochmal zurück - was soll denn das sein, „unsere Absicht", ist diese doch sicher nicht identisch mit unserem Willen ...

Wir begegnen hier unseren persönlichen Erwartungshaltungen. Diese bilden sich aus Wahrnehmungen, die wir je schon in der Art ihrer Wahrnehmung beabsichtigen, sie für etwas in gewisser Hinsicht von uns unabhängig Reales halten, was unsere Absicht weiter formt im Hinblick auf das, was wir als real wahrzunehmen geneigt sind.

Die hier behandelte These läßt sich jedoch nicht so einfach auf das Individuum übertragen.

Denn wir begegnen hier auch etwas Apersonalem, nämlich den sich auf übergeordneter Ebene bildenden Absichten der Systeme, in die wir eingebunden sind.

Insofern ist der Einzelne, sind wir, je nur zum Teil die Absicht hinter unseren individuellen Wahrnehmungen, *wir* jedoch sind die Absicht hinter all *unseren* Wahrnehmungen.

Betrachten wir es so, gewinnen alle.

# 21. Erleuchtet wird man nur nüchtern.

Ist der Wunsch nach Erleuchtung nicht auch der Wunsch nach einem ekstatischen Verlassen des beschränkten Seins? Und wie gerne greifen wir da nach anderen Formen der Verzückung! Im Rausch befreien wir das Ego, und - geht es denn nicht genau darum, die Beschränkung unserer Individualität aufzulösen?

Was bleibt, ohne Ego? Unterschiedliches: Der Rausch verliert sich in seiner Rauschhaftigkeit, das Seiende im egolosen Zustande hat gefunden.

Darum kommt das Verzückung verheißende bunt und begeisternd daher, als gälte es was zu verkaufen. Das Andere steht still dabei und - wünscht man sich Intensität - übersieht man es schnell.

Wie schaut der, der beides sieht und bei sich bleibt? Er läßt sich nicht be-Geistern, obschon er die Geister wohl sieht, verliert er sich nicht in sie, läßt sich nicht in Ekstase versprechendes gehen, seine Augen blicken ruhig.

Also geht es hier um die innere Haltung auf dem Weg zur Klarheit und unsere Korrumpierbarkeit in all ihren vielfältigen Gestalten. Nüchtern meint hier: Sich nicht in gewünschte Wahrnehmungen gehenzulassen. Und wahrlich, auf unseren Wegen begegnen wir Erstaunlichem und verheißungsvoll glitzernden Erklärungsgebäuden, die allesamt geglaubt werden wollen. Betritt man sie, verliert man sich trunken in fremden Wundern.

Und: Wer hat schon je davon gehört, daß ein Betrunkener erleuchtet worden sei?

## 22. Über das Annehmen wird Liebe möglich.

Lieben. Klar. Lieben soll man sich, seinen Nächsten, die Welt, Liebe ist die Antwort und so weiter und so fort - alle wissen das.

Nur - wie soll man sich denn lieben, so wie man ist? Wir schauen lieber weg, da, wo wir uns nicht genügen. Wie kann man auch etwas mit so beunruhigend dunklen Flecken lieben?!

Hm. Es mehr zu wollen, die Liebe zu zwingen oder sie gar in Selbsttäuschung zu behaupten, bringt nur mehr Übel. Also bleibt die Floskel und der Wunsch.

Im Moment, kurz vor dem Wunsch um Anderes, innezuhalten, - ermöglicht das Annehmen. Es nicht verstehen zu müssen und dennoch diesem Sein als Sein zuzustimmen, erfordert den Mut, vom Werten zu lassen. Dann können wir dem Sein ins Antlitz schauen, wie es ist. Das schafft die Verbindung zu dem, was ist, aus dem auch wir sind.

„Ich stimme dem Sein als Sein zu" ist jenseits davon, etwas gut oder schlecht zu finden. Nur im Anerkennen der vorliegenden Tatsachen erschliessen sich die Wege, sie zu ändern. Verdrängtes ändern oder loswerden zu wollen, bleibt Wunsch.

*Liebe und Annehmen*
*sind grundlos und darin Geschwister.*
*Kennen wir das Eine,*
*kommt das Andere,*
*nehmen wir die Welt an,*
*gehen wir in Liebe.*

## 23. In Trance Veritas.

Die Trance ist ein Phänomen, das sich in vorreflektorischen Kulturen natürlich entfaltete. Die Trancewelt des Einzelnen - als auch die gemeinsame Trancewelt der Gemeinschaft - waren real und wurden als Richtschnur und Orientierung für das Handeln in der äußeren Welt benutzt.

Später galt das nüchterne, vernünftige Individuum als die Krone des Möglichen; das gemeinsame Trancebewußtsein wurde in das kollektive Unbewußte verdrängt, die Suche nach dem Objektiven begann.

Doch ach, der Traum einer objektiven Realität entglitt uns im Quantentanz von Welt und Beobachter und als menschliche Wirklichkeit stellt sich heraus, was alle unsere subjektiven Bewußtseine ineinanderspiegeln und niemand allein versteht.

Unsere Gefährte nach innen sind die Trance, der Traum, das Luzide Schauen, das Eintauchen in die wieder gewürdigten Innenwelten.

*Mir träumte, wir würden uns gemeinsam in unserer kollektiven Trance bewußt ...*

## 24. Es geht nicht darum, glücklich zu sein.

Worum denn sonst? So fragen wir, wenn eine
Vorannahme unseres Seins unerwartet in Frage
gestellt und Anderes uns nicht denkbar ist.

Scheint grad doch Glück als Ziel nur rechtens und
von jedem Zweifel fern zu sein! Die Jagd nach dem guten Gefühl wird oft mit dem
Streben nach Glück verwechselt. Das ist das Eine.
Das Streben nach Glück ist der kleinste gemeinsame Nenner, weil wir im Großen und Ganzen gar
nicht wissen, worum es denn eigentlich gehen
könnte. Das ist das Andere.

Ich habe am meisten gelernt und erlebte viele
meiner wichtigsten Momente, wenn es mir am
schlechtesten ging. Wenn ich auf mich zurück-
geworfen bisher nicht gekannte Kraft für eine
kritische Situation aufbringen mußte; wenn nur
tiefes Erkennen und ein demütiger Vollzug dies
ermöglichten. Das läßt mich mein Glück ermessen.

*Im Gewahrwerden und Entfalten unseres Potentials
erkenne ich den Prozess, der in und jenseits von
Glück und Unglück das ist, wofür wir kamen.*

## 25. Wir sind sterblich.

Das ist ja nun - wenn überhaupt - keine neue These. Aber wesentlich und so schlecht in unser Leben integriert, daß ich es einfach nochmal in Erinnerung bringen wollte.

Nehmen wir uns den Rest dieser Seite Zeit, in die Wirklichkeit dieser Erkenntnis einzutauchen ...

.

.

.

.

.

## 26. Wir sterben in die Integration unseres Lebens.

Was auch immer uns in einem eventuellen „Danach" erwarte, man müsse es glauben ...

Aber wohin sterben wir eigentlich, solange wir noch leben? Was geschieht bis zu dem Moment, in dem wir das letzte Sauerstoffatom im Gehirn verstoffwechseln? Was erleben wir im finalen kaskadierenden Aufleuchten unserer Synapsen, überschwemmt von Endorphinen, wissend, das ist es jetzt ..?

Welches Gefühl entsteht in der Gesamtschau unseres Gelebten? Und: Was glauben wir darüber, was in jenen Momenten geschehe? Diese beiden Fragen bestimmen strukturell unser Erleben hin zum Tode.

So stürben wir in die Gesamtintegration unseres Lebens - jenseits des Fleisches - jenseits von Raum und Zeit; ... denn die letzten Momente, wenn laut Mediziner schon nichts mehr ist, aber noch letzte Bewußtseinsprozesse ablaufen, sind körperlos und jenseits unserer gewohnten Zeitwahrnehmung.

Geht es also hier und jetzt um das sichere Gefühl, ewig zu sein und diese Gewißheit bis zum letzten Moment aufrecht zu erhalten? Um es dann eben so zu erleben? Oder ereilt uns eine erst dann erkennbare, neue Wahrheit? Wie dem auch sei: Ob wir in jenem Moment das, was ist, annehmen oder darin verzweifeln, bestimmt unser Erleben an der Schwelle.

Ich meine, wir haben die Verantwortung für unseren Tod im Leben zu leisten. Über jede Hoffnung darüber hinaus weiß ich nur zu schweigen.

## 27. Niemand wird über uns richten, denn wir selbst.

Es sei denn, wir entschieden uns, als jemand anderes über uns zu richten, was bedeuten würde, wir hätten uns entschieden, Gott zu spielen, um nicht zu merken, daß wir es sind.

Es ist immer die gleiche Entscheidung: Lebt man, oder läßt man sich leben - wehe jedoch, wenn man sich zum „sich leben lassen" entscheidet, denn man vergißt, daß es eine Entscheidung war.

Das macht uns also - über die Verantwortung für unsere Taten hinaus - ebenso verantwortlich für die Beurteilung derselben. Keine überirdische Instanz, die uns davon befreit, keine himmlische Ethik-Kommission, die weise schlichtet, wo wir nicht weiterwissen, niemand, dem wir in letzter Opferhaftigkeit gegenübertreten und der uns das Bündel, das wir tragen, abnähme.

Man stelle sich auch mal vor, was das für ein höherdimensionales Wesen für eine Strafe wäre, endlos die immer gleichen, angeblichen Unzulänglichkeiten Sterblicher zu beurteilen und immer und immer wieder irgendwelche Richtersprüche abzusondern, während Abermillionen dieser beschränkten Wesen „Richte mich, richte mich!" riefen.

*Der jüngste Sohn ist immer so lange der jüngste,*
*bis der nächste geboren wird.*
*Der jüngste Tag, bis der nächste Tag anbricht,*
*der dann der jüngste ist.*
*Daher ist immer der jüngste Tag.*

## 28. Wir sind, so wir es erkennen, ewig.

*Der Kreis schließt sich,*
*indem er sich nicht schließt,*
*wir kehren wieder,*
*ohne uns jemals zu treffen,*
*denn wir sind,*
*so wir es erkennen,*
*immerdar.*

*Die Existenz in der Nicht-Existenz zu realisieren,*
*dergestalt uns selbst zur Existenz verhelfend,*
*meint das große Geheimnis,*
*den Schritt, den wir nicht gehen können,*
*das Ziel, dem wir entsprangen.*

## 29. Unsere inneren Welten sind real.

Und das in mehrfacher Hinsicht: Sie sind physikalisch/biologisch vorhanden als die Strukturen, die sie in unseren Hirnen bilden.

Und sie sind wirk-lich in dem Sinne, daß sie unser Handeln bestimmen, mittels dessen wir auf die äußere Wirklichkeit und damit auf die inneren Wirklichkeiten Anderer einwirken.

Nicht zuletzt ist unsere Innenwelt intensiv erlebbar, was zwar als angeblich beliebig subjektiv verschrien, für jeden Einzelnen aber dadurch nicht weniger real ist.

Wir sehen, daß Gedanken nicht nur Wirklichkeit formen, (also irgendwie etwas anderes sind?), sondern daß Gedanken selbst eine Form von Wirklichkeit sind. Das „Formen der Wirklichkeit" ist nichts anderes als die Metaphierung eines Teils der Wirklichkeit in einen anderen Teil der Wirklichkeit.

Dadurch, daß unseren Gedanken das Mögliche eine weitere metaphierbare Wirklichkeit ist, können neue - bis dato nur potentielle - Wirkungen in unsere bisherige Wirklichkeit einfließen. Die Wirklichkeit erweitert sich also insofern ständig, als das immer weitere und komplexere Metaphierungen durchgeführt werden. So wird plötzlich faktisch Realität, wo vorher nichts war, nichts extern Beobachtbares jedenfalls.

Darum ist es essentiell anzuerkennen, daß da Welten in uns sind. Das Anerkennen unserer inneren Welten als vollgültige Teile unserer gemeinsamen Realität ist entscheidend, um die äußere Welt verantwortungsvoll zu gestalten.

## 30. Wir werden es niemals sagen können.

Die höchsten, vollständigsten Seinsweisen und die „in" ihnen erlebten Qualitäten werden seit Legion versucht mit Worten zu vermessen.

Dabei bekommen die zentralen Worte unserer üblichen Weltbeschreibung wie: Ich, Raum, Zeit, Unendlichkeit, Grenze, Sein, Nichts, Denken und so fort - schnell zwei, vier oder mehr Bedeutungen.

Allein dies würde reichen, um unsere Hälfte der Galaxie für Äonen in Verwirrung zu stürzen.

Aber selbst wenn wir alles definierten, wäre *es* nicht gesagt, bliebe unsagbar.

Wir werden es nie je sagen, malen, schreiben, skulptieren oder berechnen können. Kein projektives Tun kann es abbilden.

*Keine Metapher, die das Ganze meint.*
*Begegnet uns ein Kunstwèrk,*
*dessen Schöpfer dort war,*
*kann es Fenster in Eigenes sein.*
*Und das werden wir immer lieben.*

## 31. Niemand erwählt uns, denn wir tun es selbst.

Bin ich´s? Bin ich´s nicht? Darf ich? Ist es mir verboten? Wie lange wollen wir uns das fragen?

In den klassischen Glaubenssystemen gilt es als moralisch, sich selbst nicht wichtig zu nehmen, was häufig dazu führt, sich selbst nicht zu nehmen. So bleibt man sich fern, hält das eigene Universum für unbedeutend und klein.

Tauchen wir in uns und erwählen jene Welt zu der, um die es geht, sind wir anders als jene, die uns gleichen. Stellen uns also gleich mit jenen, die wir bewundern. Darf das unser Platz sein? Wer kann uns die Erlaubnis dazu geben?

Da war es wieder! Wir erhoffen uns Wunder, wo sie zu vollbringen wir einst antraten. Denn irgendwie erscheint es sicherer hier zu warten, wo wir uns auskennen, wo auch alle anderen warten.

Das verwechseln wir dann mit Bescheidenheit.

Doch echte Bescheidenheit kommt aus dem Erleben der Fülle, um die wir so auch im Anderen wissen.

Sich selbst zum Quell zu erwählen, die Erlaubnis dem eigenen Sein auszusprechen ist unsere Pflicht, wollen wir unser Potential entfalten.

Drum rufe ich der Jugend kein „Erkenne Dich selbst" oder „Gehe auf die große Suche" zu.

Ich sage: Seid was Besonderes, der Rest wird sich fügen.

# 32. Es kann nur Viele geben.

Die mechanistische Sichtweise hat uns dazu verleitet, die materielle Grenze unseres Körpers für die Grenze unseres Wesens zu halten. Gleichzeitig läßt uns unsere duale Denkform unhinterfragt annehmen, daß es für Gestalten immer eine eindeutige Unterscheidung für Drinnen und Draußen gäbe.

Dabei ist die duale Vorstellungsweise der Komplexität der betrachteten Sachverhalte nicht adäquat. Wir sind alle wesentlich tiefer miteinander verschränkt als Billiardkugeln, die sich nur an ihrer Oberfläche berühren können. Auch deren Felder reichen ineinander, aber die Art und Weise wie ein Jeder von uns in die Welt und Andere reicht, dort auch ist, also ein Bewußtsein von dort sein, dort handeln entwickelt; ... diese Art erschafft unser gemeinsames Jenseitiges.

Auf diese Weise gründen unsere „Iche" unentgründbar ineinander. Wir haben uns als Ganzes entwickelt, Vieles gehört zu Vielem und nur diese Verbundenheit ermöglicht jene Zentren von Wahrnehmung und Bewußtheit im Leben zu bilden, die wir als „unabhängige" Individuen mißverstehen.

Ich bin nicht nur „ich selbst", der unabhängige Individualist, ich bin Element, Multielement aller Systeme, meiner biologischen Wurzeln wie meiner gewählten Zugehörigkeiten. Das gehört zum Menschsein - wer das versucht zu negieren, amputiert sich Wesentliches.

*Die Besinnung auf das System nach ausgefalteter Individualität meint nicht das Aufgehen in der Masse.*

## 33. Erleuchtung: Ein speziell durchgeknallter Zustand jenseits von Leben und Tod?

*Hier sind wir geboren,*
*im Fleische genüßlich wandelnd,*
*ist's doch mehr, was unser Geist erschuf,*
*Welten über Welten,*
*feingesponnenes Netz, kristall'ner Glanz,*
*Dimensionen,*
*Quantensprünge,*
*Sein um Sein scheint möglich*
*und Erleben ferner Welten nur ein Hauch entfernt*
*oder ist's schon wahr,*
*es war, es ist ...*
*... geträumt?*
*So kann's beginnen!*

*Oh! doch naht der Tod,*
*so seht nur,*
*unausweichlich, kein Pardon.*
*Und schon ich Welten schaute*
*jenseits Raum und Zeit,*
*kommt Schaudern mich noch an,*
*als könne ich nicht glauben, was ich sah,*
*war's doch kein Fleisch,*
*war's Hauch ...*
*Und lassen kann ich nicht von Körpers Schicksal*
*lösen mir die Angst verbiet',*
*die's nur im Fleische gibt.*
*Zu nah am graven Abgrund, um zu fliegen,*
*und viel zu hell zum Untergeh´n.*

## 34. Wer lebt, trägt Schuld.[5]

Sie ist uns als Gefühl Teil des Menschlichen. Schuld ist unsere Art der Wahrnehmung für die Einhaltung gewisser Ordnungen von Systemen, denen wir angehören. Alle können dies wahrnehmen.

Gefährden wir durch unser Tun die Zugehörigkeit zu unserer Gruppe oder Gemeinschaft, erleben wir dies als Schuld.

Eine andere Form der Schuld ergibt sich automatisch im Geben und Nehmen. Um in die förderliche Richtung zu gehen, können wir - so es uns möglich ist - immer etwas mehr geben, als wir erhalten und etwas weniger vergelten, als wir erlitten.

Systeme setzen sich Regeln. Oder bekommen Regeln gesetzt. Übertretung erzeugt Schuld. Sind die Regeln angeblich göttlich, führt die Übertretung in die Sünde. So gewannen die Kirchen Macht über Seelen.

Oft laden wir aus Liebe Schuld auf uns, wenn wir als Kinder in die Position gedrängt werden, auf der Elternebene zu vermitteln und dergestalt die Generationengrenze überschreiten. Das Handeln außerhalb der eigenen Zuständigkeit wirkt dann später anmaßend, was wir womöglich durch Scheitern zu sühnen suchen.

Auch versuchen wir oft, die Schuld unserer Vorfahren zu tragen oder sie zu rehabilitieren.

*Die Bewußtwerdung und Annahme dieser Ebenen löst.*

---

[5] Ich möchte mich für diese Einsichten bei Bert Hellinger bedanken.

## 35. Die Erlösung ist der Verrat am gesamten System.

Es ist die Freiheit, die wir der Welt geben, zu geben bereit sind, die es ausmacht, was wir wahrnehmen und wie nah wir uns erlauben, der Erlösung zu sein.

Denn in die Erlösung zu gehen ist erkauft mit der Aufnahme aller Schulden aller Systeme, die sich ja alle nach eben dieser Erlösung so sehr sehnen, all die Zeiten, oh all die Zeiten.

Dem nun, der geht, der sich selbst erkennt und löst als in der Schuld und Lösung aller seiend, der nicht mehr ist und darum umfassend, dem wandelt sich die Schuld in Mitgefühl, der geht und tritt durch das Tor, das es nicht gibt.

So wird die Frage nach der Erlösung zur Gewissensfrage. Nämlich ob wir, im Angesicht des Firmaments, bereit sind, alle Schuld und alle Mühsal auf uns zu nehmen und im „nicht mehr weiter so" zu wandeln.

Und erst, wenn auch nicht mehr der letzte Tropfen von Selbstmitleid oder Stolz zu spüren ist, erst dann und auch erst dann, wenn, was folgt, absichtslosen Herzens Freude ist, erst dann ... gehen wir vieleicht den Schritt, den niemand gehen kann.

*Einverstanden, Gefährt zu sein,*

*wo wir nicht mehr sind -*

*zu Gast im eigenen Hause.*

## 36. Die Realität ist der tausendfach gebrochene Spiegel unserer Seele.

*„Alles entsteht in deinem Kopf, die Realität ist der tausendfach gebrochene Spiegel deiner Seele."*

„Deine Aufgabe ist es," so sprach der Meister weiter, "die komplett verspiegelte, aber zu Scherben zerbrochene Innenwand deiner Meditationskuppel im Kopfe so zu verrechnen, daß du dich wieder klar erkennst."

Der Schüler setzt sich in die Mitte und denkt und rechnet, biegt und beugt den Strahlengang in seinem Kopfe, Jahre über Jahre.

Wenn er die Kuppel verläßt für das Notwendigste, erscheint ihm bald die Welt da draußen wie in Scherben.

Und tatsächlich, nach und nach gelingt ihm stückhaft das Unmögliche, manche Teile passen schon, sein Geist und seine Disziplin sind eisern und er wächst daran.

Darüber wird er alt - sein Meister ist schon lange tot - doch will sich ihm der klare Blick auf sich selbst nicht völlig offenbaren. Auch werden seine Augen schlechter und so greift Hoffnungslosigkeit nach ihm und Trauer.

Er schläft über seinem Üben ein, erwacht und ist.

Die Kuppel aber hat er sich zum Heim erwählt.

## 37. Das Nichts ist das Potentielle.

Das Nichts meint die Abwesenheit von „Etwas", das gemeint sein könnte.

Meinen wir aber mit Etwas „überhaupt Etwas" so werden wir immer etwas finden. Insofern geht die Sprache in ihrer Bedeutungsabsicht des Wortes „Nichts" gänzlich an der Realität vorbei ...

Und selbst wenn wir als Physiker versuchen, alles „Etwas" aus einem Raum zu entfernen, finden wir staunend unendlich viele virtuelle Teilchen, mögliche Energiezustände etc. und keineswegs eine „Abwesenheit von Allem". Im Gegenteil: Versuchen wir diese Art des Nichts zu vermessen, staunen sogar die Rechner - denn wir erhalten unendlich hohe Energiewerte, wo wir uns doch bemühten, Leere zu erzeugen ...

Sage: Ich tue das Nicht. Ich tue bewußt das Nicht. Wenn wir etwas nicht tun, so ist es auch an uns, das, was man nicht tut - Das Nicht - und alles, was daraus hätte erwachsen können, zu würdigen.

Denn wir tun mehr, als nur etwas anderes, wenn wir etwas nicht tun. Dies unendlich je Andere, daß durch unsere Wahl für ein Bestimmtes unausgefaltet bleibt, zu schauen, ist der Blick auf die Fülle des potentiellen, womöglich andererwelts Verwirklichten, nicht jedoch in unserem Moment ...

Dies gibt unserer Wahl in *dieser* Welt eine andere Tiefe und Dimension. Ein Nicht meint immer das Allesandere.

*Das Nicht des Seins ist die Fülle.*

## 38. Die Realität hängt an drei Haken.

Mit der Frage, ob es etwas wirklich gibt, meinen wir im allgemeinen nur:

*Ist es physikalisch vorhanden?*,

was eigentlich eine andere Frage ist. Ihre In-Eins-Setzung ist ein Erbe der materialistischen Aufklärung und unserer Haptik. Obwohl wir die Existenz von Vielem wie Liebe, Haß oder Schönheit akzeptieren, bleibt - eigenartigerweise - die Vorannahme des Eingangssatzes[6] unhinterfragt. Da sind nämlich noch zwei weitere „Haken", an denen wir unsere Realität festmachen können:

*Das eigene Erleben vermittelt uns die Realität als Sein.*

und:

*Gemeinsames Erleben erschafft die Realitätsebene der intersubjektiven Überprüfbarkeit.*

Das ist die Dreifaltigkeit der Realität. Dieser Tripol erzeugt in all seinen Wechselspielen die Wirklichkeit. Jeder Pol fungiert dabei als klassischer dualer Pol wie auch als Vermittler von Dualität. Jeder ist dem anderen je schon neu vor-, nach- und nebengeordnet. Definiert man einen Pol als alleinigen Parameter für Wirklichkeit, versagt man sich die Wahrnehmung und Formung der Realität in ihrem bewußten Wechselspiel. Die Frage, was wirklich ist, meint also vielmehr: „An welchem(n) Haken hängt das?"

*Mir träumte von einer heilenden Welt. Es gibt sie wirklich.*

---

[6] „Real ist, was man anfassen kann"

## 39. Wir sind ganz und gar wirklich.

Anzuerkennen, daß unsere innere Welt ein valider Teil der Wirklichkeit ist, verbindet uns tief mit dem Leben.

Wir stehen der Wirklichkeit nicht nur gegenüber - hier unser „ich", dort die Welt - wir selbst sind Verwirklichung, sind Substanz der Realität.

Unsere Wahrnehmung ist unreduzierbarer Teil der Konstellation, als die sich Sein realisiert.

Unser Inneres überschreitet die Grenze der Individualität im Tun. Unser Tun erschafft inter-subjektiv oder physikalisch Reales, verwandelt Intendiertes in Geschautes und Begreifbares.

Die Geringschätzung des inneren Erlebens als „nur" subjektiv schwächt und ermöglicht das Gefühl der Abgetrenntheit von der Welt.

In dieser inneren Ver-Antwortungslosigkeit ver-hallen unsere drängendsten Fragen ins Verlorene. Würdigen wir aber unser Inneres als real, schöpfen wir aus dem Vollen.

Eine gute Frage ist: „Teilen wir die Fülle oder die Verlorenheit?"

Eine andere Frage ist: „Wie wollen wir eine Welt verändern, von der wir nicht glauben, daß es sie gibt?"

# 40. Bewußtsein entscheidet Realität.

Anscheinend bedarf es nicht einmal des Wunsches nach Illusion, um die Möglichkeit, die Wahrheit „objektiv" zu erkennen, zu verhindern.

Die Quantenphysik lehrte uns, daß schon der bare Vorgang des Beobachtens, genauer das Auswählen, welchen Aspekt der Realität man beobachten möchte, zwangsläufig durch die zur Beobachtung notwendige Wechselwirkung mit dem beobachteten Realitätsausschnitt eine Veränderung der beobachteten Realität bewirkt.

Unsere Beobachtung zwingt die Realität dort, wo sie aus unbestimmten Strukturen von Wahrscheinlichkeiten besteht, zur Entscheidung und damit dazu, eine konkrete Wirklichkeit abzubilden, die dann ja - durch den Akt der Beobachtung - selbst erst so gebildet wurde![7]

Bewußtsein erzeugt also direkt Realität. Diese Erkenntnis erhebt das Bewußtsein zur Quelle als auch zum Ergebnis der Existenz. Nun entscheidet mein persönliches Bewußtsein natürlich nicht alleine, was es gibt. Aber hier wird deutlich, wie so etwas „Abstraktes" wie eine bewußte Entscheidung sich im Quantenflimmern - beispielsweise unseres Hirnes - physikalisch auswirken kann.

Der freie Wille beeinflußt die Quantenebene. Oder schlimmer noch ;-) Es steht zu vermuten, daß die Quantenebene Heimat, Wirkebene und Ursprung unseres Geistes wie der gesamten Existenz ist ...

---

[7] z.B. EPR-Phänomen oder Doppelspaltexperiment (in jedem populären Buch über Quantenphysik).

## 41. Wir sind Kinder der fünften Dimension.

Lange Zeit haben wir bis zur Drei gezählt. Seit Einstein bis zur Vier. But my sensores show no limits anywhere - In der Fünften wären Raum und Zeit nicht mehr die ordnenden Faktoren ...

Die Dimension der Möglichkeiten existiert jenseits von Überall und Nirgends, enthält alle möglichen Universen und ihre Zustände. Als Modell in unserer Dimension können wir uns einen unendlich langen Diakasten vorstellen. Auf jedem der Dias sei die "Momentaufnahme" eines einzigen Zustandes einer einzigen Realität. Die Dias sind nun so angeordnet, daß sie proportional zu ihrer Unterschiedlichkeit immer weiter voneinander entfernt sind. Anstatt wie ein Dia, das zwei Nachbarn hat, gibt es in der fünften Dimension immer $n$ Nachbarn. So wie es auch $n$ Möglichkeiten gibt, welche minimalste Veränderung unsere raumzeitlich definierte Realität in eine andere überführt.

Die Intention ist es, die uns durch dieses n-dimensionale Gebilde driften läßt. Als Fleischgeborene erleben wir die Übergänge zwischen diesen Realitäten als Raum und Zeit.

Bemerkenswert daran ist, daß wir uns andere Realitäten vorstellen können, das heißt, sie bilden sich physikalisch tatsächlich in unseren Hirnen ab, bevor sie auch im Außen real werden.

Die Zukunft der Welt ist eine Frage unserer Fantasien. Laßt uns von Kindern der fünften Dimension zu Architekten unserer Zukunft werden.

## 42. Wir können uns in der Dimension der Möglichkeiten bewußt werden.

In unseren Köpfen können wir weit mehr Welten erkennen, als jene eine unendliche, in der wir herumlaufen. Die Dimension der Möglichkeiten entfaltet sich in unseren Gehirnen schneller und vielfältiger, weil unsere Gehirnstrukturen leichter umzuordnen sind als die makroskopische Welt.

Alle potentiellen Realitäten sind uns zugänglich in unserer Vorstellung. So können wir beabsichtigen, in eine andere Realität zu tunneln, uns darauf eintunen, schon unbewußt alles zu tun, was sie wahrscheinlicher macht.

Ich weiß nicht, ob je ein Bewußtseinszustand erreichbar sein wird, der es erlaubt, in eine andere Realität zu „beamen", sich spontan woanders zu verwirklichen; aber bereits die Konzentration einer oder mehrerer Personen auf eine andere Ausformung dieser Welt kann - wie oft gesehen - Erstaunliches bewirken.

Visionäre gelten ja gemeinhin als etwas Besonderes. Was sie unterscheidet ist, daß sie einen gewichtigen Teil ihres Lebens in der Dimension der Möglichkeiten verbringen und erleben. Dort ist unser aller Verbindung zur Kreativität des Universums, des Multiversums unserer Vorstellungskraft. Von hier fließt Verwirklichung in die Welt, ob wir nun unbewußten oder erträumten Welten folgen.

*Laßt uns gemeinsam aus dem Vollen schöpfen.*

## 43. Wir agieren auch in allen anderen parallelen Realitäten miteinander.

Durch das Lesen dieser Worte entsteht während der nächsten Zeilen die Wirk-lichkeit in Deinem Kopfe, daß es alle möglichen anderen Leben, die Du hättest leben können, in einer Art unendlich großem, dynamischen Filmarchiv wirklich geben könnte (gibt ?!); Und daß Du mit jeder weiteren, auch noch so kleinen Entscheidung, die Du in Deinem Leben triffst, weitere Abzweigungen und Variationen Deines Lebensweges erschaffst. Daß alle nicht realisierten Entscheidungen in Deinem als real erinnerten Leben in der Dimension der Möglichkeiten aller Deiner Leben tatsächlich fortgeführt wurden und werden.

Das ist für uns alle so. In manchen Leben trafen wir uns, in anderen kennen wir uns nur aus dem Fernsehen, fühlen uns aber unbegreiflicherweise verbunden oder lesen Bücher, die wir schrieben, erkennen dort unsere Freunde aus einem anderen unserer möglichen Leben. Treffen wir eine unserer großen Lieben, meint dies nichts anderes, als daß wir mit dieser Person in vielen anderen Realitäten ebenfalls zusammen sind und wir spüren den Impact aus all diesen Leben als Intensität, meinen, diese Person schon ewig zu kennen ...

So ist unser Dasein das unbegreifliche Kunststück - inmitten all dieser Möglichkeiten - einen Fokus zu bilden, durch den sich das, was wir so lapidar als „unser Leben" bezeichnen, ins Fleische faktisiert.

*Durch den Fokus unserer Wahrnehmung erwählen wir aus dem Potentiellen, was ist.*

## 44. Gefühl ist ein interdimensionales Resonanzphänomen unserer potentiellen Realitäten mit uns selbst.

Stellen wir uns für einen Moment alle unsere alternativen Selbste und ihre Geschichten in all den parallelen Welten in der Dimension der Möglichkeiten vor ... -

Dort also, wo alle unsere möglichen Geschichten stattfinden. Wo wir unsere Liebste eben nicht erwählten oder sie gar nicht trafen, wo wir anders entschieden, andere Wege gingen. All diese Geschichten - das „Nicht" unseres Seins - wirken aus dem Potentiellen auf unsere aktuellen Entscheidungen und Befindlichkeiten.

„Soll ich es tun?" „Werde ich es später bereuen?" Diese Art Fragen versuchen wir uns im Zugriff auf die Dimension des Möglichen zu beantworten - und wirklich: von dort erhalten wir unsere Antworten - über das Gefühl.

Im Gefühl integrieren wir die unendliche Komplexität des Möglichen und finden zu Entscheidungen, die uns das rein kognitive Analysieren „unserer" Realität bei weitem nicht erlaubt. Wir „rechnen" also mit allen anderen Realitäten, wenn wir hier entscheiden. Eine Leistung, die serielles Denken in heutiger Computermanier niemals vollbringen kann. Erst die überübernächste Computergeneration, die „Quantencomputer"[8] werden Ähnliches ermöglichen - und damit uns, den biologisch existierenden Quantencomputern beginnen zu gleichen...

---

[8] siehe David Deutsch „Physik der Welterkenntnis" (Hello David, right on!)

## 45. Die Würdigung des Möglichen erzeugt die Wahrnehmung des eigenen Potentials.

Aus all den anderen Realitäten träfen sich alle Deine Iche zu einer Konferenz jenseits ihrer Welten. Es geht um Dein(e) Leben.

Deine erfolgreichen Verwirklichungen sind ebenso gekommen wie Deine zögerlichen, verzagten, todesmutigen, traurigen, optimistischen, hoffnungslosen und zuversichtlichen. Alle erzähle ich gegenseitig wie es ihnen in Deinen Realitäten ergeht und drei Tage und drei Nächte hält das Austauschen all der interessanten und dramatischen Geschichten an.

Die Glücklichen erzählen von großen Katastrophen die sie meisterten, die Depressiven von ihrer ins Unglück führenden Jagd nach dem Glück, die Mutigen erzählen von ihrer Verzagtheit und die Feigen von ihren heldenhaften Träumen, die Zuversichtlichen von Wegen, die sie umsonst gingen, die Hoffnungslosen von ihren Überlegungen und Analysen.

Und wie ihr euch so zuhörst, vergißt Du ganz und gar, welcher der Iche Du selber warst, bist, sein könntest und - schläfst ein. Als Du aufwachst, bist Du wieder allein.

*Wer ist erwacht?*[9]

---

[9] Zum Ausprobieren: Morgens vor den Spiegel stellen und zum eigenen Spiegelbild sagen: "Du bist mein Potential". Das mehrfach, unterschiedlich betont und genau beobachten, wie unterschiedlich all die verschiedenen Möglichkeiten klingen und aussehen, in denen Du, also Dein Potential, auf den Satz reagierst. Wähle, als wer Du das Bad verlässt.

## 46. Bewußtsein ist nur multidimensional zu verstehen.

Bewußtsein. Weniges ist so klar, verwirklicht es sich als Zustand und so ungreifbar, versucht man es zu definieren.

„Sein" ist der alles umfassende Begriff, „Bewußt" ein Modus Operandi, in dem Inhalte reflektiert werden. Und zwar von einem Wesen, das danach trachtet zu verstehen, was es da reflektiert. Das aber kann es nur, wenn ein vielfach potentiell Anderes zur Auswahl steht, um das eben Reflektierte *nicht* zu sein.

Das Vielfach potentiell Andere, jenes Potentielle, das nicht ist, das „Das Nicht" ist, aber ist in der Realität eben nicht seinhaft und damit real allein in der Dimension der Möglichkeiten ... Eine Verwechslung ist ausgeschlossen ;-)

So wie mein Bewußtsein also dieses Vexierspiel inszeniert und dergestalt die Dimension der Möglichkeiten als real Gedachtes in Deinem Kopfe sich erschaffen läßt, so ist eben jenes Bewußtsein auf die Existenz dieser Dimension der Möglichkeiten als Vorbedingung seiner Existenz immer schon angewiesen. Bewußtsein und Multidimensionalität ziehen sich gleichsam gegenseitig am eigenen Schopfe ins Sein.

Der ungeheuerliche Hintergrund, vor dem Bewußtsein überhaupt möglich wird, ist uns mit viel Glück vielleicht ahnbar, manchmal ...

## 47. Das Unbekannte ist immer das Größere.

Selbst Newton, jener geniale Finder der mechanischen Physik, verstieg sich nach der Ausarbeitung des Konzeptes der Kräfte und seiner Interpretation der Gravitation zu der Aussage, daß nunmehr alles Wesentliche in den Naturwissenschaften geklärt sei und der Rest in der mehr oder minder überschaubaren Fleißaufgabe bestünde, das Gefundene auf alles anzuwenden.

Eine geradezu lächerlich anmutende Anmaßung, weiß man um Forscher wie Einstein, Heisenberg, Feynman und den aktuellen Stand der Wissenschaft.

Heute hoffen die Forscher auf eine „Große Einheitliche Theorie", eine Weltformel, die alles in einer Gleichung erklären würde. Von Hoffnung zu Größenwahn scheint der Weg nicht weit ...

Doch die unendliche Physik weicht mit immer kleineren, trippelnden Schritten zurück, hebt abwehrend die Hände, zuckt mit ihren schmalen Schultern, die doch die Welt tragen, und lächelt etwas linkisch: "Tut mir leid Jungs, ich muß jetzt tanzen gehen."

*Unendlichkeiten in endlosen Ewigkeiten,*

*das Ganze unermeßlich,*

*unendigimmerschon,*

*das unbekannte Größere*

*wissen wir -*

*ein Wenig.*

## 48. Die Grundfunktion der Existenz ist die Transformation in immer Komplexeres.

Raumzeit. Nebel. Galaxien. Massen sammeln sich in riesigen Kugeln. Sonnen scheinen. Planeten erwachen. Pflanzen recken ihre Arme in den Himmel. Werden von Tieren gefressen. Die von Menschen gejagt werden. Die beginnen zu denken. Warum? Das weiß Niemand. Aber was passiert hier eigentlich?

Im Bereich der bewußten Reflektion begegnet uns die Weiterentwicklung sofort erkennbar als die wachsende Zahl und Qualität der die Realität reflektierenden Strukturen. Der Prozess erzeugt immer mehr und komplexere Informationsstrukturen. Also immer mehr Realität.

Stellt man die - mit ziemlicher Sicherheit - für das gesamte von uns wahrnehmbare Universum geltende Gleichförmigkeit des Raum/Zeit-Kontinuums und der dort geltenden Naturgesetze sowie die gleichmäßige Verteilung derselben chemischen Grundelemente in Rechnung, gibt es meiner Meinung nach nur eine mögliche Antwort auf die Kernfrage "Was passiert hier überhaupt?":

*Dieser ganze gigantische Klumpatsch von Existenz versucht sich - in einem das gesamte Universum umfassenden Prozess - seiner selbst bewußt zu werden.*

Der Urknall hat nie aufgehört.

## 49. Subjektivität ist nicht beliebig.

Wenn wir sagen „subjektiv" meinen wir: „Das ist für jeden anders" in dem Sinne, daß, was für den einen so ist, für einen anderen ganz anders sein kann. Als ob es eine objektive Wirklichkeit gäbe und einen persönlich-subjektiven Bereich, in dem gar keine Regeln gälten.

Doch der bisher als subjektiv titulierte Bereich eröffnet sich zunehmend unserem technischen Zugriff. Wir beginnen zu verstehen, wie Bedeutung entsteht. Die Subjektivität, die echte Beliebigkeit meint, ist auf dem Rückzug. Erreicht wird das durch eine strukturelle Beliebigkeit, die jenseits der dualen Denkstruktur eine höhere Freiheit in der Vergabe von Bezügen erlaubt.

Geahnt hatten wir es schon: Drum erschien uns unser Geist als zu komplex um ihn als mechanisch zu verstehen und unsere dingliche Sprache versagte im Beschreiben des Inneren – Nur in der Dichtung, der Musik, der Kunst, war unsere innere Subjektivität der Erfahrung auszudrücken.

Doch jetzt ist endlich Schluß mit Lustig, wir erstürmen das Refugium der Beliebigkeit jener, die uns mit ihrem Hakenschlagen in das angeblich von außen nicht nachvollziehbare Subjektive an der Nase herum und in den Nebel führen wollen.

Wir machen, wenn auch nicht kurzen, so doch Prozess zu dem was wir damit anfangen können: zur intersubjektiven Vermittlung unserer Persönlichkeiten, zur Wahl unserer Entkleidung, bis das nur übrig bleibt, was ewig ist, was Leben meint und heilig scheint.

## 50. Wir sind mehr denn Subjekte und Objekte

Was nicht greifbar scheint, hat doch Gesetz. Es werden noch viele Sternschnuppen fallen, bis wir vielleicht verstehen, *warum* Beethovens Neunte so schön ist, obwohl ein jeder, der hören kann, der Erklärung nicht bedarf ...

Aber viele Bereiche, wie zum Beispiel der Umgang mit uns Selbst und Anderen, der ewig dunkel und geheimnisvoll uns erschien, bedürfen durchaus der Erklärung. Sie eröffnen sich in der Multibezüglichkeit des Ichs als Ich, des Ichs als Objekt der Betrachtung meines Ichs, des Ichs als Objekt des Du, des Dus als Objekt meines Ichs und des Dus als Ich Deines Iches ... - ich könnte hier fortfahren, aber schon hier wird klar, daß unsere alte rigide „Ein Subjekt betrachtet ein Objekt" Denkweise nicht hinreichend ist, um miteinander kommunizierende, in sich selbst reflektive Systeme (also z.B. Zwei, die sich unterhalten) zu erfassen.

Was im Dualen unenträtselbar einst schien, wird strukturell im polyrelationalen Denken[10] beschreibbar. Und obschon hier plötzlich alles auf alles bezogen werden kann, alles sowohl Objekt als auch Subjekt sein kann, ganz davon abhängig, von wo aus man sich entscheidet was zu schauen, ermöglicht eben diese Freiheit jenseits des Denkens in monoman begrenzten Gegensatzpaaren und windigen Metakonstruktionen die Komplexität von Mustern, die eben keine Beliebigkeit, sondern Leben erzeugen.

---

[10] Empfohlen seien die Werke von Gotthard Günther, Rolf Kaehr und ein Besuch bei www.techno.net/pcl

# 51. Es gibt keine geschlossenen Systeme.

So sagt die Naturwissenschaft, wenn sie meint: Alles ist Eins. Es macht aber einen großen Unterschied, ob man weiß, daß es keine geschlossenen Systeme gibt, oder ob man sich dessen bewußt ist, es erlebt und es einem überall als Wirklichkeit vor Augen tritt.

Während nun aber Buddahs „Alles ist Eins", uns – vielleicht - in tiefer Innenschau als Erlebnis des Ganzen sich offenbart, fragt die Wissenschaft: „Wie genau ist alles Eins?" Und die Antworten darauf fallen nicht leicht. Denn im Gegensatz zu dem ist das so und so und im Gegensatz zu dem ist das wiederum so und so und eigentlich ist es ganz unbegreiflich, wie bei so vielen Widersprüchen überhaupt alles Eins sein kann.

Ist es aber. Selbst die strikteste Grenze ist auch Übergang, nirgendwo ist eine Trennung zu finden, die nicht zugleich Verbindung ist.

Dabei ist alles nicht etwa nur ein System, nein unendlich gewirrt und ineinander geschachtelt ist Alles Vieles, Systeme in Systemen, Ebenen durchdringen Ebenen ... und auf welchen perspektivischen Schnitt wir unsere Betrachtungen auch fokussieren, ist dennoch alles Eins und bleibt doch ständig alles anders.

Sich dieses ins Bewußtsein zu rufen, gibt einen Blick für das Ganze, lebenstiftend darin, sich im Spiel des Vielen zu entdecken, zu fördern, was dem Ganzen Gutes bringt, zu fühlen, daß wir in allem sind.

# 52. Es gibt keine Dinge. Es gibt keine Identität.

Die jahrtausendewährende Suche nach dem „Ding an sich" hat sich als „Der Witz an sich" herausgestellt. Denn im immer Kleineren erweist sich das Konzept des "Dinges" als wesenlos. Die Realität besteht dort aus Bezüglichkeiten, Verschränkungen, Energiedifferenzen und Wahrscheinlichkeitsverteilungen des mehrheitlich Unmöglichen oder, wie die Physiker sagen: Quantenunbestimmtheiten.

Was bleibt, sind unendlich komplexe Schwingungsmuster virtueller und mit Geschick und Glück messbarer Teilchen, die keine Teilchen sind, sondern Wellen, die keine Wellen sind sondern ...

Da sind keine identifizierbaren „selbstidentischen" Elektronen, die man markieren und wiederfinden könnte wie Delphine, es gibt nur die Elektronenhaftigkeit in subatomaren Beziehungen.

Poetische Physiker haben diesen Bereich der Realität, der allem zugrundeliegt, ohne daß er einen Grund hätte, „Alices Wonderland" genannt.

Von dort aus baut sich alles nahtlos auf, so sind auch wir, ununterbrochen myriadenfach neu geschaffen aus unergründlichem Quantenschaum. Das Konzept des Dinglichen verliert völlig seinen aus dem Alltag entlehnten Sinn. Hier regiert das Dazwischen das Sein.

Der Blick auf das Dazwischen stellt den Verbindungsaspekt von Welt in den Vordergrund der Wahrnehmung, wo wir sonst gewohnt sind, auf die Dinge zu sehen. Das nenne ich einen frischen Blick in die Welt tun.

## 53. Frauen haben die höhere soziale Kompetenz.

Wer im Äußeren auf die Dinge schaut, schaut im Inneren auf die Fakten. Fakten sind die Dinge des Bedeutungsraumes.

Wer im Inneren auf die Beziehungen achtet, schaut im Äußeren leichter das Dazwischen.

Deswegen schauen Frauen eher auf das Dazwischen. Während die Männer sich über Jahrmillionen monoman auf „das Erlegen des Mammuts" programmierten, hatten die Frauen die vielschichtige Aufgabe, das komplexe Netz der Daheimgebliebenen mit all seinen Ansprüchen Unterschiedlicher so zu handhaben, daß am Lager oder in der Höhle Frieden herrschte. Dieser Unterschied in der Aufgabe zeitigte sogar signifikante evolutionäre Veränderungen im Aufbau der Gehirne. So ist bei Frauen das Callus Callosum, die Verbindung beider Gehirnhälften deutlich größer, was das integrative, intuitive Erfassen komplexer Zusammenhänge erleichtert.

Erfasst ein Mann komplexe Zusammenhänge, kann er sie womöglich schneller erklären, da er eher übers Denken zu ihnen fand, doch hat Frau meist längst gehandelt ...

Natürlich machen das auch Männer über das Gefühl und Frauen denken Brilliantes, aber ich kann meinen Geschlechtsgenossen nur raten, die höhere Kompetenz der Frauen in Beziehungen zu würdigen. Herauszufinden, wie diese komplexe Geflechtung polyrelationaler Beziehungen jenseits des Dualen strukturell beschaffen sei, bleibt uns unbenommen ;-)

## 54. Die kulturelle Hinwendung zum Dazwischen hat begonnen.

Das Dazwischen spannt den Raum auf zwischen dem, was wir traditionell als Körper oder Dinge zu begreifen gewohnt sind. Das, was nicht ist, aber dennoch alles verbindet. Im Dazwischen ist das Unendliche des Potentials geborgen.

Noch können wir uns die Komplexität allen Dazwischens kaum vorstellen, denken noch in der Gegenüberstellung von Objekten zu uns Subjekten, da holt uns die eigene Evolution ein und läßt das Dazwischen als Globalisierung in unseren Fokus gelangen. Plötzlich stehen sich nicht mehr nur angrenzende Länder gegenüber, sondern alle Länder stehen in je unterschiedlichen Beziehungen zu allen anderen allen anderen gegenüber.

Im gleichen Zuge wird in der Überkommung der Stand-alone Computer die viel wichtigere Art und Ausformung ihrer Vernetzung untereinander deutlich. Auch hier ist der einzelne "Platz" der Art und Weise nachgeordnet, wie er mit allen anderen Konstellationen bildet, die bestimmte Geschehen - und Qualitäten von Geschehen - ermöglichen.

Und hier haben wir dringenden Nachholbedarf im Verständnis komplexer Systeme, die sich in unseren alten Denkformen nicht erfassen lassen; die, zwingt man sie in altes Denken, uns durch unerwartete Kompensationen und unvorhersagbare Konsequenzen Hohn sprechen.

*Im Blick auf das Ganze ist die Sorgfalt eines jeden einzelnen Schrittes zu begründen.*

## 55. Es gibt nur Kooperation.

„Das funktioniert nicht".

„In Bezug auf welche erwünschte Reaktion?"

Wenn ich den Ball durch die Scheibe kicke, funktioniert das doch wunderbar - die Scheibe bricht, auf die Physik ist Verlaß! Daß das mein Nachbar nicht als Kooperation begreifen will, liegt an bestimmten Vorstellungen von ihm, die mit dem gerade abgelaufenen Prozess erstmal nichts zu tun haben. Und wenn er gerade aggressive Spannungen abbauen will, indem er mir lauthals mit der Polizei droht, haben wir doch prima kooperiert, oder?

Wir können also kooperieren, indem wir uns bekämpfen oder helfen, beides funktioniert. Wenn uns aber alle Vorgänge in ihrem kooperativen Charakter vor Augen treten, wir auf den Prozess schauen und so mehr die Art und Weise des Funktionierens denn irgendbeliebige Ergebnisse im Blick haben, ermöglicht uns dies viel eher, bewußt Einfluß auf den Ablauf zu gewinnen und zum Guten zu wenden, was sonst wild aus jedem Ruder läuft.

„Versagen" wir, sind wir schnell dabei, uns in erklärende Sicherheit zu wiegen, indem wir den Punkt zu bestimmen meinen, wo es nicht geklappt hat. Wir könnten uns auch den ganzen kooperativen Prozess vor Augen führen und erkennen, in *welchem* Sinne die Kooperation eigentlich funktionierte ...

## 56. Das Ende aller Kriege ist nah.

Das glaubt natürlich niemand. Woraus sich die überaus interessante Frage ergibt, welche Vorannahmen und Rahmenbedingungen eigentlich dafür sorgen, ob etwas in einer Kultur prinzipiell glaubbar ist oder nicht. Interessanterweise sind es die gleichen Rahmenbedingungen, die es der Menschheit unmöglich machen, sowohl an das Ende aller Kriege wirklich zu glauben, als auch sie tatsächlich zu beenden.

Wir bekommen das Ende aller Kriege nicht durch Einsicht oder Vernunft, denn gerade die anachronistische Struktur unserer hochwohlgelobten Vernunft läßt uns den Schritt jenseits eines konfrontativen Gegenüberstellens von Inhalten gar nicht tun.

Erforderlich ist die Überkommung dieser Betriebssystembeschränkungen des Dualen Gegenüberstellens hin zu echten polyrelationalen Strukturen.

Wahr/Falsch, Dafür/Dagegen, Gut/Schlecht, Recht/Unrecht: Krieg ist eine direkte Folge der dualen Strukturen in den Köpfen der Mächtigen und ihrer Gefolgschaften.

„Wer keinen Widerstand entgegensetzt, wird nicht verletzt", steht in der Baghavad Gita. Wie aber soll man keinen Widerstand entgegensetzen, ohne zugleich Opfer zu werden?

In einer Welt ohne Opfer und Täter, weil niemand das so denkt! Wenn keiner dual denkt, wird auch keiner verletzt. In welcher Welt also macht es Sinn, die andere Wange hinzuhalten? In einer Welt, wo dann niemand ein zweites Mal zuschlagen würde.

*Nicht das Studium der Geschichte, die Hinwendung zum polyrelationalen Denken bringt uns Frieden.*

## 57. Das Ich ist keine Illusion, sondern ein Prozess.

Da es uns ja offensichtlich gibt, da es also offensichtlich auch mich gibt, was wäre da noch zu fragen, als wie ich zu anderen stehe, was ich tun soll oder was ich will? Ich, ich, ich also. Ist es denn aber so selbstverständlich, daß es mich als dieses „Ich" gibt? Von den großen Erleuchteten hört man ja allenthalben, „Ich" sei eine Illusion, daß man dieses Ego auflösen könne und dennoch bliebe ...; ... wäre aber schwierig und über alle Maßen langwierig, Erfolg nicht garantiert. Na, da bleib ich doch lieber ich!

In Nominalisierungen, den griffigen Substantiven, die wir aus Verben bilden wie etwa „der Gang" aus „gehen" versteckt sich der dahinterliegende Prozess. In der Entnominalisierung, der Wiederbetrachtung des Prozesses, erschließt sich uns die Möglichkeit des Erkennens ihrer Funktionalität.

Nun, das „Ich" ist eine Nominalisierung, die uns so selbstverständlich ist, daß wir sogar das Verb dahinter vergessen haben. Was also sind die Prozesse, die uns ein „Ich" sein lassen, wie „ichen" wir eigentlich?

So wird klar, daß die übliche Frage, *wo* oder *wer* denn das Ich sei, jeden Sinnes entbehrt und wir besser auf sind, wenn wir zu fragen versuchen, *wie* wir ichen.

Nicht das Ich also ist eine Illusion, sondern die unausgesprochene Vorannahme seines irgendwie dinglichen Charakters ist ein folgenschwerer Irrtum.

## 58. Die Illusion des Ich entsteht durch die Kontinuität unserer Bewußtseinsprozesse.

Im unendlichen Meere des Selbstes gibt es eine gar wunderliche Insel, auf der wir stehen und die Welt betrachten. Die Insel hat keine Substanz, aber doch eine Grenze. Ihr Inhalt ist je ein anderer, sie nimmt auf, durch was sie sich bewegt, ihre Grenze ist durchlässig, nur die Vorhandenheit ihrer Form bleibt und mäandert durch unsere Spiegelungen von Welt.

Fragen wir uns, wer wir seien, schwebt die Form ein wenig beiseite, um zu sehen, wo wir standen, aber da(s) sind wir dann ja nicht mehr. So ist alles, was wir von der Insel des Selbstes aus betrachten können „Nicht-Ich". Und das gilt für alle Standpunkte. Dennoch gibt es uns als die dieses erkennende Instanz. Wir ändern also ständig die Position, um das „Nicht-Ich" aus verschiedenen Perspektiven zu betrachten, womit wir qualitativ zwischen zwei gegebenen Zeitpunkten keineswegs von *einem* gleichen Ich sprechen können. Da es aber für uns kontinuierlich wechselte, sind wir es noch immer...

Das „Ich" entsteht also aus der erlebten Kontinuität, dem Gefühl des Prozesses unseres Ichens.

So blickt das Ich immerfort auf Inhalte, sich darin suchend, hypnotisiert von Welt, vergessend, sie aus der höheren Dimension der Prozesshaftigkeit zu betreten.

*Bewußtwerdung meint, eingefahrene Wege des Ichens im Selbst zu verlassen und zu erweitern, ungewohnte Positionen und Perspektiven einzunehmen, die Niegeschautes sichtbar machen.*

## 59. Es gibt keine Widersprüche, sondern nur sich komplexierendes Zusammenwirken.

Wo Land ist, kann kein Wasser sein und wo Wasser ist, kann kein Land sein – meint man sich als Widersprüche denken zu dürfen. Schauen wir aber genauer hin, erkennen wir, daß es nicht „Widersprüche" sind, die wir da sehen, sondern Schaum, nasser Sand, ein lebendiges Biotop ...; das ganze "Widersprüchliche" bricht sich in reale Komplexität.

Widersprüche sind nur dann Widersprüche, wenn man ihre letzte „logische" Konsequenz im abstrakten Gegenübergestelltsein gleich mitdenkt. Diese letzte Konsequenz ist aber immer ein Mitgedachtes, kein Seiendes.

Das Seiende ist immer die Komplexität.

Wenn denn nun sich das Böse und das Gute gegenüberstehen, sage mir, was ist das Böse des Guten und wie erscheint das Gute des Bösen in der Welt? Kann es sein, daß das Böse des Bösen den Weg eröffnet für das Gute des Guten oder ist es eher so, daß das Gute des Guten Böses schafft und Böses uns geschieht, was Gutes uns zeitigen aber Böses woanders entstehen läßt? Hier können wir sehen, daß Schwarz und Weiß nicht etwa grau ergeben - wie man womöglich meint, aus der Reduzierung der Polarität schließen zu dürfen - sondern eine schillernde Farbenpracht komplexer Prozesse, die die Dualität ihrer eingänglichen Beschreibung wie einen viel zu ernst gemeinten Witz angesichts kosmischen Lachens erscheinen läßt.

# 60. Tertium Datur![11]

Eigentlich hätte das schon Aristoteles auffallen können. Auf seinem Konstrukt: „A=A, B=B, A=nonB, Tertium non datur (Ein Drittes gibt es nicht)" beruht das, was wir als Logik schlechthin bezeichnen, das, was all unserem „wissenschaftlichen" Verstehen bis dato zugrundeliegt.

Diese Logik hielt sich über zwei Jahrtausende, und das, obwohl es schon von Anfang an ernsthafte Schwierigkeiten gab, wie zum Beispiel jenen frechen Kreter, der behauptete, es stimme, daß alle Kreter lügen. Der Wahrheitsgehalt seiner Aussage - also ist es A) wahr oder B) falsch - ist völlig unentscheidbar mit dieser Logik. Und das ist kein abstraktes Problem; den Kreter gab es wirklich und er trank - tertium datur - gerne einen Krug Honigwein mit dem alten Griechen.

Obwohl also ein Drittes durchaus da sein könnte, vergessen wir mit aristotelischer Nonchalance darüber nachzudenken. Tatsächlich induziert unsere in Gegensatzpaaren aufgebaute Sprache konsistent diese negative Halluzination - wir "vergessen" einfach über das Duale hinauszudenken - oder um den frechen Kreter zu zitieren: „Diese Logiker konnten nicht bis Drei zählen!"[12]

Anstatt diese unzureichende Logik der Welt angemessen weiterzuentwickeln, erfanden wir die Idee des „Paradoxons", ein windig erdachtes Etwas, das etwas bezeichnet, was es eigentlich gar nicht geben kann - ich lach mich kaputt - denn es gibt keine Paradoxien, verläßt man die beschränkende „Duale Hängematte" unseres bisherigen Denkens.

---

[11] Es gibt ein Drittes!
[12] Jedenfalls nicht bis zum dritten Jahrtausend!

# 61. Die Beschränkung des dualen Denkmodells muß strukturell erweitert werden.

Im heutigen zweiwertigen Denken läßt sich nur ein Bruchteil der n-wertigen Welt, in der wir leben, spiegeln. Das duale, klassisch-logische Denken ist damit für unser Weltverstehen so etwas wie ein Zwischenlager, aus dem bekanntlich die gelagerten Elemente auch nie wieder herauskommen. Auf lange Zeit schaffen solche unzureichenden Lagerstätten gefährliche Konsequenzen, wie auch die klassische Logik eine gefährliche Trennung von uns und unserem Tun, unserer Technologie erschaffen hat und das Konflikthafte in unserem Umgang miteinander strukturell aufrechterhält.

Nicht, daß es keine dualen Strukturen überhaupt gäbe, aber die Welt nur in solche zu unterteilen, ist erkenntnistheoretischer Selbstmord. Unsere Art logisch zu denken ist ein Spezialfall von etwas wesentlich komplexeren und formenreicheren, der Welt und unseren noch unentdeckten Denkformen nämlich.

Wie die Denkform sind auch die durch sie gezeigten Wirkungen in unserer Nicht-Wahrnehmung geborgen. Die scharfe - und in ihren Wirkungen lebensfeindliche - Abtrennung der konsequent auf Dualität begründeten Technologie von ihren Erschaffern, ist trauriges Beispiel für die schlimmen Folgen dieser - der Komplexität von Systemen nicht angemessenen - Abbildung von Welt in unseren Köpfen.

*Es reicht nicht, das Gute zu wollen.*
*Wir müssen lernen, es auch denken zu können.*

## 62. Der Sündenfall war ein verhängnisvoller Irrtum.

Nicht die Entscheidung, überhaupt eine Frucht von einem Baum zu pflücken, sondern die Auswahl eben jenes Baumes, des „Baumes der Erkenntnis von Gut und Böse" stürzte uns ins Unglück.

Dabei hat Gott es doch nur gut gemeint. Er, beziehungsweise der Autor jener Geschichte, wußte wohl, daß der Genuß der dualen Struktur, die der Baum verkörperte, Leiden schaffen würde. Denn fortan schien es klar, daß alles in Gut und Böse, Wahr und Falsch, Drinnen und Draußen zu unterscheiden wäre. Daß all diesem Denken nun eine nichthinterfragte Dualität zugrundelag, war mit dem Apfel einfach „mitgeschluckt" worden. Kaum war das duale Denken „verinnerlicht", konnten wir in ein plötzlich existierendes „Draußen" geschickt werden. Dumm gelaufen.

Wir haben einfach eine unzureichende, das Paradies nicht wirklich beschreibende Denkform gewählt. Denn das Paradies ist nicht in Gegensatzpaaren beschreibbar, seine Vielfalt und Komplexität ist immer vieldeutig, je unterschiedlich sich myriadenfach entfaltend ins immer noch Mehrbedeutigere, Schöne, ewig sich Wandelnde.

*Jenseits von drinnen und draußen ist das Paradies schon immer worin wir es schauen.*

## 63. Die Frage nach dem Sinn des Lebens lässt eben jenen vermissen ...

Was ist der Sinn des Lebens? Was ist das eigentlich für eine Frage?

Zuvörderst könnten wir prüfen, aus welchem Bezugssystem heraus sie fragt und ob mögliche Antworten dort zu finden seien.

Der Begriff "Sinn" ist im Reich des Verstandes beheimatet und als eine Form inhaltlichen Zusammenhanges definiert.

„Leben" hingegen existiert schon sehr viel länger, als das erste Wort zu seiner Benennung. Im Bereich des Verstandes können wir fragen: „Hat das Leben überhaupt einen Sinn?". Im Bereich des Vorsprachlichen, des Lebens selbst jedoch ist Schluß mit Fragen, hier hilft nur das Erleben und das gebiert nicht Sinn, sondern ein Gefühl, eine Haltung zum Leben. Im Verstand ist die Frage gleichermaßen gut begründet unzählige Male sowohl mit Ja als auch mit Nein beantwortet worden - tertium datur! Beide unentscheidbare Alternativen sind zu verwerfen und ein Drittes zu suchen.

Beispielsweise, daß das für jeden anders gilt und sich generell für alle Leben gar nicht beantworten läßt. Zumindest müsse es erlaubt sein zu fragen, ob denn mit der Frage alle Leben gemeint seien - und da kann ich nur antworten, daß, was beispielsweise mein Leben angeht, niemand denn ich selbst diese Antwort finden könne, sollte es sie denn geben, beziehungsweise würde ich sie denn benötigen. So erscheint mir der Sinn des Lebens eben ein solcher - ein „Sinn für das Leben" wie etwa mein Tastsinn. Alle dennoch gegebenen Antworten haben nur zur allgemeinen Verwirrung der Menschheit beigetragen ...

## 64. Nichts hat nur einen Grund.

Mit „Das ist so weil ..." beginnen die irreführendsten Sätze der Menschen. Fasziniert vom angeblich allmächtigen Gesetz von Ursache und Wirkung meinen wir für etwas Geschehenes einen Grund behaupten zu dürfen. Dieser Irrsinn zieht sich durch alle Weltanschauungen und Schichten. Ob der Physiker eines seiner beobachteten Wunder auf einen Grund reduzieren will oder der Esoteriker Geschehnisse auf diese oder jene Energie oder Wesenheit zurückführen möchte, immer steckt die Wahnvorstellung einer angeblich so simpel gestrickten Realität dahinter, daß wir sie - hoppladihopp - mit einem rasch herbeizitierten Grunde verstehen könnten.

Nicht nur, daß es eben sehr viel komplexer ist, in jedem Geschehen unzählige Vorannahmen, Rahmenbedingungen und ein schier unendliches Netz interdependenter Geschichtlichkeit webt, es gibt sogar Geschehnisse überhaupt ganz ohne Grund wie Phänomene in der Quantenphysik oder Synchronizitäten in unserem Erleben, die auf eine Ursache-Wirkungsbeziehung zu reduzieren lächerlich wäre. Dennoch benutzen wir alle im Alltag diese gewohnte Schablone und legen sie über alles, was so geschieht.

Ab und zu, ein Innehalten, ein Neigen des Kopfes, ein Erkennen des Wunders, die Würdigung des unfassbar Komplexen, das Erstaunen über nie ganz zu Verstehendes - gibt mir meinen Platz.

## 65. Es gibt keinen Grund und keine Antwort.

Warum also dann forschen? Weil es viele Gründe und viele Antworten gibt. Aber so hatten wir die These ja gar nicht verstanden ... Es ginge also um *den* Grund für alles und jene *letzte* Antwort auf unser Sein. Die Suche nach diesem Grunde hat uns in der Vergangenheit auf den unendlichen Weg der Fragen nach dem Grund des Grundes des Grundes des Grundes ... geführt.

Einen Nothalt bot das Gotteskonzept, aber allen schwante, daß das ja wohl irgendwie ein Trick sei. Ein anderes Gerücht besagte, daß uns ein Meister die letzte Antwort geben könne. Diese aber winkten ab und meinten, daß wir *die* schon jeder für sich selbst finden müßten - dabei grinsten Sie, denn sie bedurften einer solchen nicht, noch hatten sie eine gefunden ...

Wenn unsere sich - aus der Dimension der Möglichkeiten - ausfaltende Realität eine jenzeitige Verbindung atmet, hat Alles alle Gründe und alle Fragen alle Antworten, einem Letzten fehlten die Rahmenbedingungen zur linearen Existenz.

Unser Sein ist dergestalt unentgründbar unendlich - und eben nicht in jener endlos identischen Wiederholung gefangen, wie sie uns in den Fragen nach dem Ursprung des Ursprunges hoffnungslos begegnet.

*Interessante Fragen zu finden*
*ist beglückender denn die letzte Antwort.*

## 66. Wir suchen keine Antwort, wir suchen einen Zustand.

Auf der Suche nach dem Sinn in der Welt wurden ungezählte Frau- und Mannjahre aufgewendet, es gab eine Menge Antworten, einfache Antworten auf unlösbare Fragen. Aber sind diese Fragen nicht unvollkommener Ausdruck einer weit grundlegenderen Sehnsucht?

"Why did we fall from Grace?"; ist es das? So wäre die Motivation nach dem Warum zu fragen nur Ausdruck unserer Getrenntheit von jenem seligen Zustande, in dem wir das Unsagbare in seiner ganzen Fülle spüren, welches, heruntergebrochen auf unsere enge Dimensionalität, als das Wort „Sinn" nur einen kläglichen Eindruck seiner göttlichen Herkunft schattenhaft vermittelt.

Jenen ersten Schrei also nach der Geworfenheit in die Welt entwickeln wir zur Frage nach dem Grund für die Trennung. Doch welche Antwort könnte so umfassend sein, uns in jenen all-einen fraglos versorgten Zustand in der Fruchtblase zurück zu bringen?

Könnte es nicht sein, daß über die Annahme des Verlustes jenes paradiesischen Zustandes der Weg sich öffnet für Zustände, in die wir nicht flüchten, sondern die wir verantwortlich erschaffen?

Das ist eine gute Frage: Welchen Zustand ersehnen wir am meisten? Und: Wollen wir es dabei belassen?

Dagegen läßt sich fragen: Das Ersehnen oder den Zustand?

## 67. Wir müssen uns auf die Zukunft besinnen.

Hypnotisiert von der Vergangenheit taumeln wir rückwärts in die Zukunft. Verhangen den Wegen, die wir gingen, schauen wir meist zurück und selten nach vorn. Sodann wundern wir uns, wenn wir rückwärts gegen etwas rempeln, das uns verletzt und das wir nicht haben kommen sehen ...

Jene, die am weitesten zurück in die Vergangenheit sehen können, erkennen in der Ferne Wissen großer Weisheit; aus fernen Zeiten strahlt es herrlich und tief. Das ist schön, doch unerreichbar.

All diese Rufe „Besinnt euch zurück auf die alten Weisheiten" höre ich aus vollem Herzen gutgemeint. Doch obwohl das Wissen der Alten, seien es Inder, Hopis, Kelten oder sonstwer, erstaunlich und sicher bedenkenswert ist, liegt unser Verständnis all dessen in unserer Zukunft auf eine Weise, die die unsere ist, in die alles einfließt, was unser bisheriges Weltverständnis geschaffen hat.

Unser fünfdimensionales Vorstellungsvermögen läßt uns in der Dimension der Möglichkeiten Zukünfte erschauen, die anders, weiser und schöner sind, denn was war oder ist.

Im Blick nach vorn liegt die Macht zur Architektur unseres Lebens.

*Bitte, besinnt Euch auf unsere Zukunft.*

## 68. Wofür ist die Frage besser als Warum.

Wie ist die wahrnehmende Ausrichtung auf die Zukunft zu bewerkstelligen? Wenn wir fragen, fokussieren wir. Wir fokussieren durch Sprache. Fragen haben Richtungen. Konsequent „Warum?" zu fragen, erzeugt so einen unendlichen Regress ins unabänderlich Vergangene. Das Warum versucht die immer noch davorliegende Ursache festzumachen, wir schauen mit ihm in die Vergangenheit.

Die Zukunft kommt automatisch in den Fokus, fragen wir „Wofür?". Die Frage „Wofür lebe ich?" gibt mir die Wahl ...; „Warum lebe ich?" führt zurück bis zu einem ungewissen Urknall und der Sinn dieses Warums eröffnet sich dennoch nicht.

In den Antworten auf die Fragen, was wir in der Zukunft durch unser Tun für uns erreichen, offenbaren sich natürlich unsere allzuoft unbewußten Motive. Denn unsere Sehnsüchte zielen in die Zukunft. Dabei ist mit „erreichen" jedoch jedes durch die Frage geoffenbarte Ergebnis gemeint, auch wenn uns das erst nicht gefallen will ...

In der Art, wie sich die Zukunft ausbildet, tritt das lebende Wesen des Jetzt in die Welt. Will man also die Zukunft verändern, so verändere man das Wesen, das sich entfaltet. Fühlt ein Wesen Untergang, so wird sich Untergang manifestieren. Was von außen kommt, mag es verzögern, jedoch nicht aufhalten. Solange das Wesen sich fragt, *Warum* alles so miserabel läuft, verstellt ihm das Warum den Blick auf die eigene, längst getroffene Entscheidung, die es dann natürlich auch nicht ändern kann ...

*Wofür zu fragen, kann uns zeigen, was wir wirklich wollen - nehmen wir die Antworten an, kann Wandel beginnen.*

# 69. Schicksal ist weder noch Zufall.

Denn beide Konzepte greifen zu kurz, um zu erfassen, wozu sie angetreten. In Ihnen steckt jedoch die ganze Thematik unserer Position in der Welt. Ist es Schicksal oder Zufall, was uns geschieht?

Gäbe es das Schicksal als Vorherbestimmtes, wüßte immerhin der Schmied jenes Planes, was das alles soll. Ist jedoch alles Zufall, dann *kann* es keinen Sinn haben, wir stünden der Unmöglichkeit eines sinngegebenen Passens von Geschehen und Bedeutung gegenüber.

Was zuerst wie ein unentrinnbarer Widerspruch erscheint, löst sich im Leben in Geschichten auf, in denen wir schicksalhafte Wendungen erkennen und in Geschehnisse, wie sie unwahrscheinlicher, „zufälliger", nicht sein könnten. Hinzu kommen Phänomene wie Synchronizitäten, wenn sinnhaftes Zusammentreffen von „Zufälligem" uns staunen macht oder Manche von Zukünften träumen, die eintreffen. Da streckt selbst die allseits fleißig zitierte Chaostheorie ihr Gedenke und die Vermutung wächst, daß wir noch anders in die Welt gebettet sind, denn durch endlos komplexe, sich beeinflussende Ketten von Ursachen und Wirkungen.

Schicksal, so fühle ich, ist nicht geschrieben, sondern bringt, was zur Entfaltung drängt. Dinge geschehen aus gar mannigfaltigen Gründen, aus unbestimmbaren Anfangsbedingungen, aus Liebe, Planung, Quantenunbestimmtheiten - Wer fragt sich da noch, ob, oder ob nicht ...

*„Es ist nicht linear"*, sprachen die Propheten.[13]

---

[13] zu „dem Cisco" im StarTrek DS9 Pilotfilm

# 70. In unseren Visionen werden wir leben.

Schauen wir hinter uns, können wir den Pfad, den wir gingen, betrachten. Diese Handlungen und Geschehnisse haben alle ihre komplexen Wirkungen auf unseren jetzigen Moment. Schauen wir voraus, projezieren wir unwillkürlich ähnliche Wege in die Zukunft. Keiner dieser Wege existiert, und doch zeigen sie Wirkung dergestalt, daß sie den Moment, der ja zeitlich vor ihnen liegt, beeinflussen, indem sie uns in ihre mögliche Realität hypnotisieren.

Das erzeugt - überraschend genug - eine kausale Verknüpfung entgegen dem Zeitpfeil! Man könnte sagen, wir beeinflussen den Moment durch unsere Visionen überlichtschnell, können uns Informationen aus der Zukunft schicken. Besser: aus unseren Zukünften. Oder aus unseren Vergangenheiten. Denn wir haben die Wahl.

Wir wirken also aus potentiellen Realitäten auf unseren Gegenwartspunkt, die Zukünfte oder Vergangenheiten, die potentiellen Realitäten in unseren Köpfen, beeinflussen unser Jetzt und faktisieren damit Potentielles zu Gegenwart.

Zukunft und Vergangenheit gibt es demnach nur in unseren Vorstellungen, in der äußeren Realität existieren sie nicht, denn hier finden wir nur Gegenwärtiges vor.

*Wie verantwortungsvoll müßte ein Forscher mit einer Maschine umgehen, mit der er aus der Zukunft die Gegenwart beeinflussen kann?*

## 71. In Zukunft wird die Frage "Wie wollen wir sein?" wichtiger als die Frage "Wer bin ich?".

Nichts im Universum existiert in seiner Form eben so, ohne das es der Existenz des gesamten Restes ebenfalls bedürfte. Wer der Einzelne ist, ergibt sich im Spiel der Vielen, die mit ihm sind, vor ihm waren und in ihm wirken.

Schauen wir weniger auf die Dinge, die wesenhaft das Abgeschlossene, Begrenzte offenbaren; schauen wir auf das unendlich komplexe Netz aller Beziehungen Aller und Allem zueinander, erkennen wir viel besser, „Wie" wir als Eins zu erschauen sind.

Im Blick auf dieses lebendige Dazwischen wird die Wahrheit „Alles ist eins" von der Banalität zum Erleben; und darin wir uns im System erkennen, werden wir freundlich zum System.

In der Annahme das und wie wir eingebunden sind, werden wir handlungsfähiger und können beginnen, Gutes zu bewirken an dem Platz, an dem wir uns finden.

Schauen wir uns dann an, können wir entscheiden und erschaffen, wie wir sein wollen.

So entsteht jenes wundersame Wesen, daß sich selbst aus myriaden Augen anblickt.

# 72. Alle wissen sowieso schon immer alles.

Wir sind die Verwirklichung jener Energie, in welcher wir als Realität uns zu erkennen suchen.

Wir sind Fluß als auch Quelle, Wind und Luft, das Blut und die Erde, das Feuer, das Wasser, der Geist und die Seele, das Licht und das Dunkel, all jene multidimensionalen Resonanzen, Interferenzen und Interdependenzen des Seins, des Unfasslichen, des unsagbaren Wunders unserer Wahrnehmung und ihrer Offenbarungen ...

Und so denn alles untereinander verbunden ist, alles in allem schwingt, wissen wir, unsere Körper, allezeit, was los ist, auch wenn wir einen Großteil davon leugnen; vor uns und Anderen ...

Denn viele Wahrnehmungen wurden uns von Kindesbeinen an als unsinnig, falsch oder verboten verunmöglicht. Aus Liebe und um uns lebensfähig in dieser verrückten Welt zu machen, nahmen wir die Scheuklappen an.

In dem Maße, wie wir wieder in die Mitte rücken, kann Wegsehen wieder zu Schauen werden, können Verbote sich zur Erlaubnis wenden, zu sehen, was wir sind und was ist.

*Es erfordert Mut und eine lauschende Seele,*
*wieder Vertrauen zu unseren inneren Stimmen*
*zu fassen ...*

## 73. Das Paradies ist hier.

Ja, - das Jenseits ist diesseits, wo wohl sonst, als in der Existenz soll es denn existieren?!

Stehen wir bereits darin, erkennen es bloß nicht? Oder geht es gar nicht ums Finden des Paradieses, sondern um die Erschaffung desselben?

Ich befürchte, beides stimmt. Unser Schauen ist blind gefangen im kriegerischen Ordnen dessen, was wir wahrnehmen zu Gegensätzen - und: zuständig sind wir dennoch.

So stehen wir, jeder Einzelne von uns, der Welt gegenüber, wo wir doch gemeinsam mit ihr zu fliessen uns ersehnen. Also bedürfen wir des Trostes.

Und die Hoffnung auf eine Belohnung im Jenseitigen tröstet. Doch die Hoffnung auf eine Welt, die wie eine Belohnung empfunden werden kann, nimmt uns von der Kraft zum Schaffen einer solchen Welt im Diesseits. Das Gute im Jenseits zu erglauben, verspricht trügerische Sicherheit, ohne das wir jetzt schon alles dafür tun müßten.

Lassen wir von der Hoffnung auf das Jenseitige, stehen wir dem Leben in seiner Totalität als Jetzt gegenüber.

Das Paradies von dem ich rede, spielt hier und jetzt. Und je weniger Hoffnung wir auf ein jenseitiges Paradies legen, desto motivierter sind wir, das Paradies hier zu erschaffen.

Ich weiß nicht, was sein wird; *laßt es uns hier versuchen.*

## 74. Wir sind das Ganze wahrnehmende Wesen.

Und eben deswegen fühlen wir uns einsam. Es ist die Sehnsucht nach der großen Verbindung, die Erinnerung an die Einheit des Seins, in der wir uns vor Zeiten als Teil und geborgen fühlten.

Das Wissen um die Verbundenheit im Inneren war selbstverständlicher Hintergrund allen Lebens, so wie heute die Vereinsamung selbstverständlicher Hintergrund unserer Gesellschaft ist. Denn heute sind wir Individuen. Und dafür zahlen wir einen hohen Preis.

Nun ist diese Verbundenheit im Inneren aber nichts, was ein lebendes Wesen je ganz verlieren könnte und so spüren wir sie als tiefe Sehnsucht. Auch können wir sie an ihren Wirkungen erkennen. Wir erleben sie in den Dynamiken unserer Familien, in der Befindlichkeit unseres Volkes, unserer „Zeit" und endlich auch in der Stimmung des gesamten Planeten. Doch wir sind nicht nur Teil eines Größeren, wir erfüllen auch dessen Absicht. Diese ist geprägt von den Absichten aller Systeme und ihrer Interaktionen. Unsere Beteiligung am Gelingen der Absicht des Ganzen, meist nur in unserem Nichtgewußten präsent, stellt uns in eine Mitverantwortung, der wir erst langsam gewahrwerden.

So läßt uns die Absicht die Verbindung im Äußeren schaffen - das Netz wächst und vielleicht begreifen wir, daß es kein „Ich bin" ohne ein „Wir sind" geben kann.

Wir sind das ganze wahrnehmende Wesen.

*Sunt, sumus, ergo sum.*[14]

---

[14] Alles ist, wir sind, also bin ich.

## 75. Das Ganze bestimmt unser Sein.

So wie die Atomstruktur, um stabil zu sein, eine bestimmte Anzahl von Elektronen pro Kernteilchen haben muß, so erfüllen sich auch größere, makroskopische Gestalten, Moleküle, Zellen, Lebewesen, Gemeinschaften, um als Gestalt zu existieren.

Gibt ein Atom ein Elektron ab, holt es sich eines vom nächsten, das vom übernächsten und so weiter - wir nennen das dabei entstehende Phänomen Strom und wundern uns kein bißchen, daß das Fehlen des Elektrons in einer Atomhülle sich über endlose Kabel auswirkt bis zu unserer Stereoanlage.

Ebenso verhält es sich mit anderen in Systemen unerfüllten, aber immanenten Werten. Sei es die fehlende Anerkennung eines Mitarbeiters oder die Nicht-Würdigung eines Familienmitgliedes. Das System erfüllt sich immer, und sei es im Nachfolger des Mitarbeiters oder im Nachfolger des geächteten Familienmitgliedes. Dieser Zusammenhang ist nonlokal und daher macht die Frage nach einer linearen Informationsübertragung keinen Sinn.

Physiker verzweifeln grundlos, wenn zwei in Gegenrichtung abgefeuerte Photonen immer aufeinander bezogen bleiben[15], egal wann wir messen - sie sind Teil einer Gestalt und können nicht anders.

Bilden sich solche zusammengehörigen Systeme im Bewußtsein von Menschen, kann man oft unheimlich scheinende Parallelen erkennen, die nur durch ihre Sinnhaftigkeit verbunden scheinen. Doch es ist nicht der Sinn, sondern die Erfüllung des Systemmusters, das wir als Sinnhaftigkeit erleben.

---

[15] EPR-Phänomen, verschränkte Quantenzustände

# 76. Es gibt einen Bedeutungsraum.

Werden innere Vorstellungen auch oft als bloße Einbildung herabgewürdigt, beginnen wir zu verstehen, daß sie Teil der Wirklichkeit sind. Was wir uns nur vorstellen, so die These, gäbe es nicht - weit gefehlt: Was wir uns vorstellen, gibt es genau als das, als was wir es uns vorstellen. So wie auch unsere Wahrnehmung die Dinge in unserem Gehirn zu genau den Bildern macht, die wir wahrnehmen.

Es gibt nur Ein-Bildungen unterschiedlicher Herkunft. Und diese ordnen wir intern raumzeitlich an, haben ein Gefühl dafür, wie nah ein Begriff einem anderen ist, ob eine Be-deutung andere mit einschließt oder welches Gewicht eine Aussage besitzt. Klänge haben Form, Tempo oder Farbe, Stimmen sind dünn oder dunkel, Donner rollt, ein Echo verblaßt. Unsere inneren Repräsentationen besitzen alle Eigenschaften der Raumzeit und wie die Dinge darin geordnet sind gehorcht Gesetzen, ganz wie der Raum der Gravitation.

Manche Gespräche oder Aussagen umkreisen ein Thema wie ein Mond seinen Planeten; ein anderes, gewichtiges Thema kommt in seinen Anziehungsbereich und die Aussage ändert ihre Be-deutung.

Das alles sei „nur metaphorisch" gemeint, hört man. Aber erstens kenne ich keine Sprechweise, die nicht metaphorisch wäre und zudem empfinde ich doch, wie Bedeutung den Raum aufspannt, kann ich die Tiefe und die lichten Höhen sehen und spüren, in denen wir uns als Geistformende im Bedeutungsraum bewegen.

## 77. Die soziale Systembildung der Menschen verlagert sich aus dem physikalischen in den Bedeutungsraum.

Der Bedeutungsraum war immer in uns. In unserem Inneren trafen wir jene, die uns nahestanden, fanden auch jene Wenigen, die wir nur aus der Ferne kannten und die uns als verwandt erschienen, Sänger, Schreiber, Künstler ...

Doch nur, wer physisch in der Nähe war, konnte uns bekannter Freund werden. Die uns unbekannten verwandten Seelen auf dem Planeten waren unerreichbar an Orten fern von uns. Unsere Kreise waren immer regional geordnet.

Mit der Veräußerung des Bedeutungsraumes in die technologische Struktur, die wir das Netz nennen, finden wir uns, wo immer wir auch sind. Geistige Strömungen müssen sich nicht mehr lokal konzentrieren, sondern können im Bedeutungsraum entstehen und wachsen. Sie beginnen den Globus zu umfassen und die einzigen Grenzen, denen sie begegnen, sind die in unseren Köpfen.

Einander widerstreitende Gemeinschaften werden keine angreifbaren Territorien mehr haben, aller Disput wird im Bedeutungsraum untersucht, verstanden und gelöst werden müssen.

Indem alle im Ganzen die Vielen schauen, entsteht vielleicht eine andere, denn die gewohnt konfrontative Natur der Diskussion ... Vielleicht schauen wir eher auf die Frage, wie wir dennoch zurandekommen, wenn es nicht mehr ums Gewinnen oder Verlieren gehen kann.

## 78. Das kollektive Unbewußte wird sichtbar.

Alles, was unsere Kulturen je hervorbrachten, alle unsere Träume, Wünsche, Ängste, Vorstellungen wirken in uns. Wenige Mächtige spielen damit auf opportunistische und meist peinliche Weise.

Mit der Entstehung dessen, was wir heute noch staunend das Internet nennen und was bald schon selbstverständlicher und allgegenwärtiger Hintergrund sein wird, fiel jedoch das Veröffentlichungsmonopol und wir alle können uns auf globaler Ebene einbringen. Noch wissen nur Wenige wie genau das geht und wie sie dabei mitmachen können, aber wir haben ja auch Telefonieren gelernt ...

Dieser Prozess stülpt unser Inneres für alle sichtbar nach außen, die Dimension der Selbstbespiegelung und Multireflektion Aller in Alle bringt ans Licht, was uns im Inneren bewegt. Das ist die größte Chance zur Selbsterkenntnis der Menschheit, die auf diesem Planeten je existierte und ich wünsche uns, daß wir sie nutzen.

Erkennen wir unsere gemeinsamen Wurzeln, lernen wir unseren gemeinsamen Bedeutungsraum kennen, können wir sehen, daß wir ein Ganzes sind, das überleben will - und finden vielleicht den Mut zu kooperieren.

*Laßt uns unser Inneres nach außen spiegeln, auf das wir erkennen mögen, wer „Wir" sind.*

## 79. Freiheit liegt in der Wahl der angenommenen Bindung.

Wenn ich Manche „Freiheit!" rufen höre, wird mir traurig ums Herz. Die Freiheit, die wir uns so wünschen, die Freiheit von allen bindenden Relationen, Zwängen, das Loslassen des Bedeutungsnetzes, das uns alle unabwendbar verknüpft, ist keine Freiheit.

Wie können wir denken, daß das Auflösen des Geflechtes, durch das wir uns überhaupt als Wesen konstituieren, Freiheit sei? In Freiheit wählen wir die Verknüpfungen, wählen unseren Weg. Unsere Entscheidung, in diesem Netz die Verantwortung für unsere Entscheidungen zu treffen, ist der Beginn einer Freiheit, die nicht so wundervoll losgelöst - der Welt entkommen - daherschwadroniert, sondern eine Freiheit, die funktioniert. Diese Freiheit meint, frei zu wählen, wie wir uns bewegen in jenem Netz, dem zu entkommen so unmöglich ist, wie uns selbst.

Denn niemand ist nur er selbst, der unabhängige Individualist, der sich „per Dekret" von allem lossagen könnte ... Wir alle sind Element, Multielement aller Systeme, unserer familiären und kulturellen Wurzeln sowie unserer gewählten Zugehörigkeiten. Darin wesen wir - wer dies versucht zu negieren, amputiert sich Wesentliches.

So meint Freiheit das Annehmen des Eingebundenseins in das multidimensionale Netz des Lebens; denn uns fesselt nur, was wir noch nicht angenommen haben - mit dem Angenommenen jedoch bewußt und einverstanden umzugehen, ermöglicht die Freiheit zu tun, was angemessen und förderlich erscheint.

## 80. Systemische Techniken sind die Rituale des dritten Jahrtausends.

In dem Maße, indem wir erkennen, daß wir Anteilige eines Größeren sind, seien es Familien, Organisationen, Völker oder eben die ganze Menschheit, verstehen wir auch, daß die im System wirkenden Dynamiken nicht allein durch die Analyse des Verhaltens einzelner Teile verstanden werden können.

Ein System ist nicht nur wirklich mehr als die Summe seiner Teile, es weiß auch mehr über sich, als alle seine Mitglieder. Darum muß es selbst befragt werden, wollen wir seine Dynamiken verstehen und Lösungen finden.

Wie aber befragt man ein System?

Eine Methode besteht darin, von einem betroffenen Mitglied Stellvertreter für die anderen wesentlichen Teile des Systems nach eigenem Gefühl in den Raum stellen zu lassen. Diese Anordnung enthält so die Stellung der Systemteile zueinander.

Ein dafür ausgebildeter reifer Mensch kann nun durch Befragen, Schauen und Umstellen die Dynamik und den jedem Teil gemäßen Platz ans Licht bringen. Aus dieser Einsicht in die Systemwahrheiten können Lösungen gefunden werden.

Diese noch wenig bekannte und hier in der Kürze nicht wirklich darstellbare Methode hat mich in ihrer An-wendung persönlich tief beeindruckt. Das „Aufstellen" besitzt das Potential, uns Lösungen für systemische Verstrickungen und Probleme von der familiären bis zur diplomatischen Ebene zu ermöglichen.[16]

---

[16] Interessierten lege ich die Lektüre der Publikationen von Bert Hellinger ans Herz.

## 81. Wir brauchen der Ältesten Rat.

Das ganze Leben lang lernen wir, versuchen uns weiter zu entwickeln und unser Potential zu entfalten. Wenn wir dabei bleiben und mit ein wenig Glück, ist in den späten Jahren Weisheit der Lohn unserer Tage.

Doch so, wie es heute aussieht, fragt uns dann niemand mehr.

Nicht nur, das Weisheit und Lebenserfahrung nur für Wenige einen Wert darzustellen scheinen - auch ist unser gesellschaftliches Pensionsmodell dem Verlauf eines Menschenlebens unwürdig.

Denn wir pensionieren nicht etwa, damit die Alten ihren Lebensabend genießen können, welch freche Lüge!; wir nehmen sie aus dem industriellen Produktionsprozess, weil sie körperlich schwächer werden.

Es macht mich traurig zu sehen, wie vielfach alsbald auch ihr Geist erlahmt, weil die sie stimulierende Komplexität so drastisch reduziert wird.[17] Sich „zur Ruhe zu setzen" meint leider allzuoft, sich eine tödliche Belohnung abzuholen ...

Die Menschheit hat das Potential für so viele weise Menschen wie noch nie. Lernen wir das Alter wieder zu würdigen, unseres und das jener vor uns. Hören wir ihnen zu und geben ihnen den Rahmen, in den Abschied zu wachsen und nicht zu vertrocknen.

Die Fülle des Alters scheint ein Ort zu sein, von dem aus Außergewöhnliches zu geben möglich wird. Und darauf freue ich mich.

---

[17] Neueste Ergebnisse legen nahe, daß das Schwinden der Gehirnmasse, Alzheimer etc. vielfach Folgen geistiger Unterforderung sind.

## 82. Die Wahrheit ist auf uns alle verteilt.

Was also sei die „wahre Wahrheit", die die kühnsten Denker seit Jahrtausenden dingfest zu machen versuchen?

Liegt sie bei Gott, jenem transzendentalen Subjekt, das sie nur leider nie persönlich verkündete? Dann gäbe es eine objektive Wahrheit, nur wären wir durch unsere menschliche Subjektivität von ihr grundsätzlich getrennt.

Oder gilt die selbst erfundene Wahrheit eines Jeden als für ihn absolut und alles wäre eine Frage der je eigenen Konstruktion? Unsere Wahrheiten ständen gleichberechtigt, aber einsam nebeneinander?

Das Phänomen der Wahrheit bildet sich durch Kongruenzabgleich metaphorischer Inhalte in reflektiven Wesen, sprich: Menschen. Daher ist alle Wahrheit auf uns alle verteilt und niemand kann alle Wahrheiten aller Wahrheitsbildner in sich erkennen.

An der Wahrheit teilzuhaben jedoch ist essentiell für Menschen. Zum Glück und allen Vereinsamungsphilosophien zum Trotze ist es möglich, in der Gewissheit von Wahrheit zu sein, denn: Der endlose Kampf darum, wer sie denn nun wirklich hätte, findet sein Ende in unserem Erkennen, daß nur in der Teilhabe an der Wirklichkeit vieler Wahrheiten das ersehnte tiefe Gefühl von Wahrheit wächst und gedeiht.

## 83. Der zukünftige Mensch ist kontextabhängig je ein anderer.

„Sei einfach Du selbst." Von diesem gutgemeinten Rat fühlte sicher nicht nur ich mich immer schon überfordert. Als ob es ein „Mensch-Selbst" aus sich heraus gäbe, ohne das wir unsere Form und Grenze nicht immer auch in dem Rahmen fänden, in dem wir uns konstituieren.

Die Kontexte, in denen wir uns leben und verwirklichen waren noch nie so vielfältig und unterschiedlich wie heute und morgen. Wer sind wir denn heute? Eine unserer Netzpersönlichkeiten, der Philosoph, der Manager, der Familienvater, der Lehrer, der Schüler ... ?

Als wer können wir welche Kontexte am besten meistern?

Doch unsere Glaubenssätze wie etwa: "Die Welt ist ein guter Platz um zu sein", oder „Die Welt ist ureigentlich schlecht" etc. prägen unser Zugehen auf die Welt grundlegend, sowie was wir in ihr wahrnehmen und für wen wir uns halten. So sind wir in der Regel Opfer unserer Überzeugungen, auch der „positiven".

„Wer wir sind" ist etwas, an das wir uns zu klammern pflegen wie ein Ertrinkender an seine Planke. Wie wäre es, könnten wir unsere Art zu ichen aktiv wechseln wie ein Kleid, ganz abhängig davon, „wer" wir in einer bestimmten Situation sein wollen?

Wären wir dann nicht mehr „Wir selbst"?

Oder wären wir erst dann wir selbst, wenn wir uns die Wahl schaffen, zu sein, wer wir wollen?

## 84. Im „Ich" sind wir uns alle gleich.

Jeder ist für sich ein Ich. Wir können niemals die Ichheit eines anderen fühlen; fühlen wir „Ich", fühlen wir uns selbst. Das scheidet uns. Daß dieses empfundene „Ich" nurmehr eine Folge unserer Kontinuität als lebende Wesen ist[18], spielt dabei keine Rolle. Wir alle fühlen unser „Ich". Und da wir ja so unterschiedlich sind, gilt unausgesprochen die Annahme, daß wir unsere Iche ebenfalls als sehr unterschiedlich, „individuell" wahrnehmen. Ich meine hier nicht unsere Persönlichkeit, sondern genau jenes innerste Gefühl, ein Ich zu sein.

Wie, wenn nun eben jenes letzte Gefühl, als Person „da" zu sein, sich für keinen von uns in nichts unterschiede? Wie, wenn das Auswechseln jenes Wesenskernes zwischen zwei Personen nicht einmal für jene spürbar wäre, denen es geschähe?!

Kann es sein, daß wir uns im Sein so gleichen, daß es tatsächlich auf dieser Ebene völlig gleichgültig ist, ob Du Du bist oder ich Du oder Du ich oder ich ich, wie gehabt?

Und wie schlimm wäre es, wenn es sich bei diesem Ich sowieso nur um eine strukturdynamisch entstehende Illusion ohne wirkliche Substanz handelte?

„Ich" fand es befreiend, als ich es erfuhr ...

---

[18] Siehe These 58

## 85. Wir sind das Wissen.

Wenn wir staunend vor den neuesten Erkenntnissen der Naturwissenschaft stehen, beeindruckt von unserer technologischen Entwicklung, sollten wir der Tatsache gedenken, das die komplexeste und interessanteste Struktur, die wir bisher fanden, unser eigenes Sein ist.

Darum kann es den Weg nach innen geben, die Gewahrsamkeit auf das, was da ist, lebt, sich Mensch nennt und alle Geheimnisse bereits als funktionierende Technologie enthält.

Quantenphysik und Relativitätstheorie seien die völlig abstrakten und am schwierigsten zu verstehenden vordersten Speerspitzen menschlichen Forschergeistes. Fern, unnahbar und damit irrelevant für das persönliche Dasein.

Selbst die Physiker sind froh, wenn sie sich durch ihre Daten und Theorien rechnen können. Auch ihnen scheint das Wissen wenig Eindruck auf ihr Sein zu machen. So sind wir durch die Entfremdung von unserem Wissen uns selbst entfremdet und die Erzeugnisse unseres Wissens stehen fern und bedrohlich - als kalte Technologie.

Wieviel wir auch forschen, wir erforschen, was wir vorfinden. Wir sind aber schon da, will sagen, wir können nur erforschen, was ist - und damit unser Sein. So nähern wir uns in winzigen Schritten dem, was wir schon sind, vergessen, was wir wissen und feiern das, was wir berechnen können.

Ehrfurcht, Ehrfurcht vor der Offenheit der Ewigkeit, nicht der Wahn, Wissen vollenden zu können, möge die Wissenschaft des nächsten Jahrtausends bestimmen.

# 86. Die Karte ist das Territorium.

„Die Karte ist nicht das Territorium". Dieser Satz von Korzybsky ging zu recht ein in das Evangelium der Kognitionsforscher, ermöglichte er doch das Verändern unserer Befindlichkeit in der Welt durch Alterierung[19] des Modells von Welt in unserem Kopf.

Die generalisierte Gültigkeit jedoch, die dieser Satz durch das Fehlen der Angabe eines Kontextes, in dem er gälte, erhielt, macht uns auf beispielhafte Weise blind. Beispielhaft dafür, wie uns Konzepte durch ihre bestechende Einfachheit narren und die wahrnehmbare Komplexität vor unseren Augen verbergen.

Die Idee der Modellhaftigkeit der Welt in unseren Köpfen ist bestechend und ermöglichte Vieles. Was aber verunmöglicht sie? Zum Beispiel, auf welche Weise das Gegenteil genauso wahr sein kann.

Unser Modell darüber, wie wir denken, ist in uns selbst als neurophysiologische „Landschaft" abgebildet. Also ist die Karte dann das Territorium. Oder: Die Karte ist dann Teil des Territoriums. Oder: das Territorium ist Teil der Karte.

Ausgeblendet wird auch die mannigfaltige Rückbezüglichkeit und Selbsterzeugung der Gestalt Modell/Welt und wie das Modell durch Reflektion die Welt verändert. Was ja seinerseits bedeuten würde, daß die Landkarte Welt wäre, es sie also als Weltteil gibt, der Welt verändern kann.

Wir sehen: Die Karte ist sowohl als auch nicht das Territorium.

---

[19] = Verändern und ineinander Überführen von Zuständen

## 87. Wissenschaft ist eine Aussage über die Wissenden

Die Wissenschaft beschäftige sich mit der Enträtselung der Welt, in der wir leben. Wohlan, das tut sie auch ..., aber ist sie nicht mehr noch Ausdruck unseres aktuellen und immer beschränkten Verständnisses? Beschäftigt sich also im wesentlichen mit der Entwicklung unseres Geistes, wobei „der Welt" nurmehr die Rolle eines immerbereiten Sparringpartners zukommt?

Das vergangene Jahrhundert hat uns in diesem Sinne in die Wunderwelten des Kleinsten und unvorstellbar Großen geführt. Die Dinglichkeit und ihre mechanischen Gesetze, so verstehen wir heute, sind ein Sonderfall, den es nur in unserer Komfort-Zone des Medio-Kosmos gibt.

So beginnen wir uns in die Zwischenräume dessen zu denken, was wir bisher für denkbar hielten. Dabei stellen wir fest, daß diese Zwischenräume unendlich viel größer und komplexer sind, als was wir bisher erdachten.

Da aber alles, was wir bisher zu denken wagten, unsere bisherige Welt war, entsteht dadurch tatsächlich ein neues Seinsgefühl in einer dergestalt neugedachten und belebten Welt.

Das ist kein kognitivistisches Spiel. Der Schritt ins Dazwischen, in das Fühlen der Relata und des Potentiellen, verändert unser persönliches Erleben der Welt; sie wird eine andere für einen jeden, der sich dieser Veränderung anheim gibt.

## 88. Das Gefühl ist komplexer als das Kognitive

Ein weit verbreiteter Irrglaube ist, daß das Gefühl als Wahrnehmungsebene weniger exakt und differenzierbar sei als das Kognitive.

Tatsächlich sind auf den Ebenen, denen wir kraß simplifizierend das Etikett „Emotionen" verliehen haben, die Differenzierungsmöglichkeiten unfaßbar vielfältiger, als wir es mit sprachlichen Mitteln je ausdrücken könnten. So komplex, daß es das Kognitive ist, das trotz seiner respektheischenden Bezeichnungsleistung kaum annähernd in der Lage ist, die Feinheiten der Differenzierungen im Fühlen auch nur als Ahnung abzubilden.

Deshalb finden wir im Fühlen die Krönung unseres Seins und deshalb würde eine Emulation des Gefühlslebens eine aufwendige interdimensionale Rechenmaschine erfordern. Aber die sind wir ja selbst.

Jahrtausende waren wir gezwungen, unser Naturverständnis in drastischen linearen Vereinfachungen abzubilden, weil alles andere vom puren Aufwand her nicht zu rechnen war.

Seit kurzem haben wir Computer und beginnen nonlineare und komplexe Systeme mathematisch abzubilden, was früher Millionen von Mathematikerleben erfordert hätte.

Nun ... - die Mathematik, die Komplexität und der erforderliche Zeitaufwand, der erforderlich wäre, auch nur ein einziges Lächeln in seinen Gefühlsdimensionen abzubilden, liegt weit jenseits unserer heutigen Möglichkeiten.

## 89. Wir tragen die Verantwortung für unsere neuronale Struktur.

Die Präsentation komplexer Inhalte und Erlebensweisen im frühkindlichen Alter und in der Kindheit ist essentiell für die Ausbildung der neuronalen Strukturen unserer Gehirne. Dieser Vorgang ist nie abgeschlossen. Im Lernen, im Üben, im Wahrnehmen setzen sich diese Prozesse ein Leben lang fort.

Welche Art von Wesen wollen wir sein? Mit Fug und Recht können wir sagen, daß der heutige Mensch ein anderer ist als der Generationen vor ihm. Ja, selbst unter heutigen Menschen gibt es ganz unterschiedliche „Tiere". Denn wir sind das einzige Tier, daß sich, seine Fähigkeiten und Wahrnehmungsmöglichkeiten durch das absichtsvolle Verändern seiner neuronalen Struktur in weiten Bereichen selbst bestimmen kann.

Was wir bevorzugt in uns spiegeln, wird Teil unseres Seins. Darum verändern unsere Interessen und unsere Aufnahme von Realität unser Gehirn neurologisch, funktionell und damit nicht nur wer wir sind, sondern auch was für eine Art von geistigem Wesen wir offenbaren. Es ist an der Zeit, die Verantwortung dafür, wer wir sind und was wir werden, voll und ganz persönlich zu übernehmen.

Die Aufnahme von zu viel geistig Minderwertigem schwächt uns. Die Berieselung durch die kommerzialisierte Wertediktatur unserer „freien" Medien schafft lenkbare, bedürfnisgesteuerte „Tiere", die weit hinter den Möglichkeiten der Menschwerdung zurückbleiben.

*Go for the good stuff and become yourbody else !*

## 90. Die Quanten- und Relativitätstheorie gehören in das Lehrprogramm der Grundschule.

Nicht, weil Grundschüler unbedingt Raumschiffe oder Teilchenbeschleuniger bauen können sollten - sondern weil die in der Rezeption dieser Modelle aufgebauten neurologischen Strukturen als Rahmen dessen, *wie* verstanden wird, wesentlich wertvoller sind, als das mechanistische, dingorientierte Denken, mit dem wir in die Welt entlassen wurden. Es geht also darum, mit welchen unbewußten Rastern dessen, wie überhaupt verstanden werden kann, wir unsere Nachkommen in die Zukunft schicken.

Zu „kompliziert"? Ich habe mehrfach Kinder auf Ausflüge ins Subatomare und Intergalaktische mitgenommen und leuchtende Augen geerntet. Mal ganz abgesehen davon, daß diese Erkenntnisse des frühen 20. Jahrhunderts Stand der Dinge sind und ich bis heute nicht verstehe, warum mir das in der Schule nicht nahegebracht wurde. Im Gegenteil, Relativität und Quantenphysik wurden in einen mystischen Mantel des „Dieses Wissen ist nur für Auserwählte" gekleidet.

Der normale Mensch sei also für das grundlegendste Verständnis, daß wir von Welt haben, sowieso zu doof?! Da kann ich es nicht lassen.

Und außerdem bin ich der Meinung, daß Gotthard Günther rezipiert werden muß.

## 91. Wir haben unsere Evolution selbst in der Hand.

Unsere Evolution ist in eine bewußte, selbst-referenzielle Phase getreten. Plötzlich existiert tatsächlich jene geistige, bestimmende Ebene, die lenkend in den Ablauf der Entwicklung sinnstiftend eingreift; jene Ebene, die wir bis dato einem Gott zuschrieben.

Nun, ich finde, ein Gott - gerade so ein junger wie die eben erwachende Menschheit - sollte nach Integrität und einer liebevollen Grundhaltung streben, um denn je ein „Lieber Gott" zu werden.

Und - wie für ein jedes sich entwickelndes Wesen - sollten wir auch etwas Gnade für uns selbst emp-finden; wir sind doch in der Tat eine noch so junge Rasse!

Gleichwohl stehen wir kurz davor, gottgleich zu Designern von cyberbiologischen Lebensformen zu werden. Die Evolution ist größer als jeder Wille.

Uns in unserer noch keimenden, jedoch unauf-haltsamen Allmacht zu bekämpfen, meint nicht anzunehmen, was wir sind und werden. Das schwächt uns. Macht anzunehmen, angesichts all des Schlimmen, das uns aus unverantwortlicher Machtausübung in allen Geschlechtern zustieß, ist schwer - aber was muß, das muß ...

*Wie der Jugendliche zu erkennen beginnt, daß er nun selbst zum Schmied seines Lebens wird, ist es hoch an der Zeit, daß die Menschheit sich als jugendlich erkennt.*

## 92. Evolution ist die Komplexierung des Momentes.

Und existierte etwas, ohne das es wahrgenommen würde, es gälte uns nichts.

So bleibt das aktuelle Eingebundensein in den gerade präsenten Moment unser je eigenes wirklich Existierendes. Dabei spielt es keine Rolle, ob wir uns die Vergangenheit oder Zukunft vorstellen - auch dies tun wir immer in einem Jetzt.

Die Inhalte dessen, was sich in einem je gegebenen Moment für ein wahrnehmendes Wesen darstellt, haben im Laufe unserer Evolution stark gewechselt und heute eine nie gekannte Komplexität erreicht.

Es geht „letztendlich" ;-) immer um unsere Befindlichkeit in *diesem* Moment. In diesem Moment, in dem wir das hier lesen, in dem wir verloren in die Welt schauen, in dem wir uns fühlend in die Schönheit der Natur auflösen, in dem wir lieben, kriegen, fliegen, untergehen, wiedererstehen - alles spielt innerhalb dieses, von der Wahrnehmungsphysiologie auf etwa drei Sekunden definierten, Bewußtseinsraumes dessen, was ein „Jetzt" ist.

Das bedeutet, alle je wichtigen Entwicklungsschritte können nirgendwo anders geschehen, als in diesem einen Moment, der uns so treu durchs Leben begleitet.

Manchmal meine ich, es ginge nur darum:

Die Wahrnehmung der unermesslichen Komplexität des Momentes dergestalt zu ermöglichen, daß wir die nächste Ebene unserer Evolution wahrnehmend betreten...

## 93. Die Befreiung des Individuums liegt in der Aufgehobenheit des Individuums in der Gemeinschaft als Individuum.

Die Individualität ist aus schmerzhaften und guten Gründen unser höchst verbrieftes Recht. Sie ist nicht unsere Quelle. Es kann nur Viele geben.

Was vorher Alles war, wurde unbewußt, als das Individuum, mit all seinen Vorteilen - aber auch mit seinem beschränkten Wahrnehmungsfeld - sich zu finden begann. Dem Neuen entglitt, was es hervorgebracht, Sehnsucht ist, was blieb ...

Ist eine Rückkehr unmöglich? Wo in der Zukunft können wir die große Verbindung wiederfinden?

Im Inneren haben wir kaum noch Zugriff und so erreichen uns die Wirkungen der Systeme, in die wir eingebunden sind, nur noch auf einer weit ins traumhaft Nichtgewußte verdrängten Ebene. Was hält uns davor zurück, sie uns wieder bewußt zu machen? Im wesentlichen unser allseits akzeptierter Wert der Individualität als höchstes verbrieftes Recht. Als Gegenteil dieses unhinterfragt höchsten Wertes wird die Unterordnung in eine Gemeinschaft gedacht, ein ameisenhaftes in Reih- und Glied-Stellen. Davor haben alle - berechtigterweise - Furcht. Wieder einmal schickt uns die Gegenteildenkfalle auf den Holzweg.

Einst erlebten wir alles als verbunden. Dann lernten wir zu unterscheiden. Nun wissen wir langsam genug, um der großen Verbindung wieder gewahr werden zu können.

## 94. Wir sind eine Rasse an der Schwelle vom kollektiven Unbewußten zur kollektiven Intelligenz.

So weit sind wir nun gekommen. Lange wußten wir nicht, daß wir nichts wissen. Als wir begannen, etwas zu ahnen, wurde immer offensichtlicher, wie wenig wir wußten. Wir hofften, jemand oder etwas über uns wüßte mehr, ja, alles. Wir begaben uns auf den Weg nach oben.

Heute wissen wir, daß unser explodierendes Wissen angesichts des Seins unserer Realität ein mutiger, aber bescheidener Anfang sein könnte. Wir erkennen genauer denn je, daß wir einer ungeheuerlich komplexen, multidimensional verschränkten Realität angehören, in der sich zu bewähren eine immerwährende Herausforderung bleibt.

*Wir sind die vorlaute und zerbrechliche*
*Behauptung des Lebens*
*inmitten des unermeßlichen Schwarz.*
*Eine vollkommene Unglaublichkeit.*
*Ein Glitzern im Nichts.*

Niemand in erreichbarer Nähe, der mehr wüßte als wir. Doch noch wissen wir nicht einmal, *was* wir wissen. Nur allmählich erwacht die Menschheit aus den Träumen ihrer Kulturen zum Bewußtsein ihrer Ganzheit.

Die Verbindung im Inneren so leise nur zu vernehmen, vernetzen wir uns extern, und - welch unerwartete Wohltat - das Wissen im Inneren beginnt mitzuschwingen, Verbundenheit wird Fakt und unsere Perspektiven bekommen diese blaue Wunderkugel in den Blick, die, fühlt man sie, zu lieben unentrinnbar ist.

## 95. Ein Glück: Es gibt kein Happy End.

Wir sind voll darauf geeicht. Geschichten haben Enden, Happy-Enden bevorzugt. Doch keine Geschichte endete jemals. Unsere Interpunktion faßt zeitlich begrenzte Abschnitte des immerwährenden Prozesses zu überschaubaren Gestalten zusammen, die für eine bestimmte Qualität einer bestimmten Dynamik gelten können. Gute Geschichten zu erzählen, ist daher ein der Komplexität der Realität nahekommendes Mitteilungsformat.

Unsere persönliche Geschichte endet mit dem Tod. Die Hoffnung auf ein Happy End meint archetypisch unser Sehnen nach dem guten Ausgang unseres Lebens ..., daß wir am Ende doch noch gefunden hätten.

Doch was gewännen wir, hätten wir den Sinn des Lebens erkannt? Würden wir dann wie weiland Hesses Siddharta den Rest des Lebens mit erleuchtetem Stieren in den Fluß verbringen, nun, da wir „wüßten", daß das Rad nie existierte und doch alles ist, was in unserem Sinne „ist"?

Nein, rufe ich euch zu, solange wir noch nach dem Sinn des Lebens gieren, ist es hart, beginnt er sich jedoch zu entfalten, beginnen wir ihn zu fühlen, jenseits aller Fragen, unsagbar in jeder Zelle des Körpers, that´s where the fun begins!

### Doch noch was ...

Zwei kleine Selbstversuche, um Erlesenes leicht erlebbar zu machen, stelle ich hier vor.

Viel Spaß dabei!

### Das Dazwischen sehen

Die folgend beschriebene Art des in die Welt Schauens, gewissermassen das „Nicht-Tun des Hinguckens", kann auf alles Betrachtbare: Dinge, Menschen, Ansichten, Meinungen, Erkenntnisse etc. erweitert und angewandt werden. Auch und gerade im Bedeutungsraum ist es das Dazwischen, wo wir tief in die Welt eindringen können und Bewußtwerdung gedeiht.

Stell einmal zwei beliebige Gegenstände auf den Tisch vor Dich. Was siehst Du? Dumme Frage, nicht wahr? Du siehst zwei Gegenstände. Nun werde Dir des Raumes, der die beiden Gegenstände umgibt, in den sie einbeschrieben sind, bewußt.

Schau auf die Form des Raumes, also auf den Negativabdruck, den die beiden Gegenstände in der Welt hinterlassen. Jetzt nimmst Du bereits eine völlig andere Form wahr! Sozusagen den Abdruck der Dinge in der Welt.

Versuche diese nun wahrgenommene Form des Raumes als ausgefüllt zu empfinden. Gib dem Negativum Körperlichkeit.

Damit hast Du den Hintergrund in den Vordergrund gehoben. Anstelle der Dinglichkeit wurdest Du Dir des räumlichen Kontextes bewußt, der durch die Interpunktion des Raumes durch zwei Gegenstände entstanden ist.

Du hast auf das Dazwischen geschaut.

# *Transdance*[20]

Wenn es denn in der zukünftigen Entwicklung des Geistes jenseits der gewohnt dualen Denkmuster gehen soll, wie kann das geschehen? Hier eine kleine Choreographie, um sich jenseits von Zwickmühlen und aus der „Dualen Hängematte" zu tanzen:

Wenn Du mal wieder im Hin und Her Dich gefangen fühlst, die Alternativen Dich quälen, versuche Folgendes:

Markiere die vier Eckpunkte eines Quadrates auf dem Boden. Stelle Dich auf den ersten und versetze Dich so intensiv wie möglich in den Zustand, der Alternative A entspricht. Laß Dich von Deinem inneren Gespür leiten und von innen einen Satz dazu kommen. Dann spreche diesen mehrmals ganz bewußt.

Trete aus dem Feld, laufe auf die gegenüberliegende Position und verfahre genauso, diesmal mit Alternative B.

Gehe auf den dritten möglichen Standpunkt und lasse diese Frage in Dich einsinken:

*„Was ist das Gemeinsame von A und B?"*

Denke nicht darüber nach, sondern achte auf Dein Gefühl und warte, bis die Antwort kommt. Spreche die so gefundene Antwort mehrmals.

Gehe zu dem letzten Punkt und lasse die nächste Frage einsinken:

*„Was ist jenseits von A und B, was ist das ´Ganz Andere´?"*

Warte wieder ganz im Gefühl, bis die Antwort von alleine kommt. Das kann an dieser Position manchmal ziemlich lange dauern. Spreche auch diesen

---

[20] Diese Vorgehensweise ist erweitert auch unter dem Begriff „Diamond-Technik" bekannt. Wer mehr darüber wissen will, lese „Die Diamond-Technik in der Praxis" von Klaus Grochowiak und Leo Maier, Junfermann ISBN 3-87387-434-2

Satz mehrmals aus. Bleibe, solange Du willst, bei dem dadurch entstehenden Gefühl ...

Wechsle dann so oft Du willst in unterschiedlicher Reihenfolge zwischen diesen vier Positionen, wobei Du Dir für jede Zeit nimmst und „ihren" Satz aussprichst. Achte dabei darauf, wie sich Deine Gefühle verändern.

Wenn Du oft genug gewechselt hast, stelle Dich in die Mitte der Vier, schließe Deine Augen für eine Weile und achte auf Deine Gefühle.

Vielleicht kommt Dir auch hier ein Satz. Du kannst das auch nochmal außerhalb des Vierecks tun.

Ich kann Dir nicht sagen, welche neuen Erkenntnisse Du aus dem Prozess mitbringen wirst, weil die Kraft der Übung allein in Deinem persönlichen Vollzug liegt.

Die duale Hypnose jedoch, die Dich dazu brachte, überhaupt zu beginnen, hast Du dann aller Wahrscheinlichkeit nach hinter Dir.

Gutes Gelingen!